절망을
희망으로
바꾸는

1%의 힘

1% NO CHIKARA
by KAMATA Minoru

Copyright ⓒ 2014 KAMATA Minoru
All rights reserved.

Originally published in Japan by KAWADE SHOBO SHINSHA Ltd. Publishers, Tokyo.
Korean translation rights arranged with
KAWADE SHOBO SHINSHA Ltd. Publishers, Japan
through THE SAKAI AGENCY and EntersKorea Co., Ltd..

이 책의 한국어판 저작권은 (주)엔터스코리아를 통해
저작권자와 독점 계약한 도서출판 창해에 있습니다.
저작권법에 의하여 한국 내에서 보호를 받는 저작물이므로
무단전재와 무단복제를 금합니다.

절망을 희망으로 바꾸는

1%의 힘

가마타 미노루 지음 | 전형배 옮김

글을 시작하며

　　　　　　　이 책은 '1%가 인생을 바꾼 사람들'에 관한 것이다. 세상에는 온갖 불안과 고통이 넘쳐난다. 하지만 그에 굴하지 않고 필사적으로 살아가는 사람들의 아름다운 이야기이다.

　나는 오래전부터 내 삶의 원동력이 되어준 '1%의 힘'에 대해 글을 써보고 싶었다. 1%에는 인생을 바꾸는 신비로운 힘이 있다. 절망의 한가운데로 내몰려 길을 찾기 어려운 상황일지라도, 어떻게든 1%만 바꾸면 희망이 보이기 시작한다. 우리 함께 1%의 신비한 힘을 깨닫고 경험해 보자.

　절체절명의 순간 100% 완벽하게 모든 것을 고치려 한다면, 엄청난 부담감이 우리를 짓누를 것이다. 그리하여 자칫 온몸이 경직될지도 모른다. 그럴 때에는 '우선 1%', 그리고 '1%씩' 해보자고 생각하면 효율적이다.

오늘날보다 '1%의 힘'이 더 절실한 시대가 있을까?

나는 2000년에 『분투하지 않는다』라는 책을 펴냈다. 그런데 그 무렵보다 요즘이 훨씬 살기 힘들다. 시대는 분명히 더 나쁜 방향으로 흘러가고 있다. 바로 그렇기 때문에 지금 1%가 소중하다고 보는 것이다.

21세기 들어 세계 곳곳에서 비극적이고 처참한 사건들이 빈번하게 발생하고 있다. 이런 가운데 많은 가해자가 오히려 피해자라고 생각하는 어이없는 일이 생겨나기도 한다. 오로지 자기 입장만 앞세우는 이기적인 행동이다. 널리 알려지지는 않았지만, 우리 주변에도 눈살을 찌푸리게 하는 소소한 사건들이 비일비재하다.

나, 나, 나, 그리고 또 나. 그야말로 오로지 나뿐이다.

이럴 때 1%라도 좋으니 상대방의 입장에 서보는 것은 어떨까? 그렇게 하다 보면 틀림없이 '1%씩' 상황이 좋아질 것이다. 누군가를 위한 1%가 사회를 바꾼다. 1%에는 세계를 바꾸는 힘이 있다. 나는 그렇게 확신한다.

내가 그동안 의료지원을 해온 이라크, 우크라이나, 팔레스타인 등은 지금도 여전히 어려운 상황에 놓여 있다. 최근 몇 년 동안 한·중·일 사이에는 서로에 대한 비판과 적개심이 점점 커지고 있다. 자신이 속한 나라의 주의주장을 따르더라도, 1%만 상대국 입장을 헤아려준다면 어떨까? 그 1%가 혹시나 모를 분쟁을 막아줄지도 모른다.

나는 언젠가부터 '1%는 누군가를 위해'라는 마음으로 살아왔다. 그러한 1%가 돌고 돌아 이제는 나에게 힘을 보태주고 있다는 생각이 든다. 그렇게 커진 힘을 어려운 상황의 누군가를 위해 사용한다. 이렇게 1%가 회전하다 보면, 어느 순간 그게 정말로 1%였는지조차 알 수 없게 된다.

1%가 누군가를 위해 돌고 돈다. 그러다 누구도 알아차리지 못하는 사이 100%를 넘어선다면, 그 기쁨은 어떤 말로도 표현하기 어려울 것이다.

물론 그럴 때에도 나는 변함없이 1%를 말하고 싶다. 1%라면 크게 부담스럽지 않기 때문이다. 도움을 받는 사람 역시 1%라면 조금은 가벼운 마음으로 받아들일 것이다.

우리는 누군가를 사랑하면서 세상을 살아간다. 사랑하는 사람이 생기면 누구나 나를 위해, 그리고 상대를 위해 100% 힘을 쏟는다. 그게 인간이다.

나는 참고 참으며 열심히 사는 것만이 능사가 아니라고 말해왔다. 하지만 실제로는 긴장의 끈을 늦추지 않으며 정말 열심히 살아왔다.

산다는 것은 투쟁이다. 전력투구이다. 따라서 나의 이런 말이 어쩌면 역설일지도 모른다.

그런데 사랑하는 사람을 지켜주고 삶의 보람이라 할 수 있는 '소중한 내 일'을 지키기 위해 100% 힘을 쏟는 순간, '1% 더'가 절실하게 필요해진다는 사실을 알게 되었다.

인생을 걸고 어떤 일을 추구할 때도 100%에 만족하지 않는 자세가 중요하다. 누군가를 진심으로 사랑할 때, 그 사랑이 흘러넘치는 것은 당연한 일 아니겠는가?

이기적인 생명체인 인간이 자본주의라는 경쟁사회에서 살아가기란 쉬운 일이 아니다. 오직 자기 자신을 위해 생활하더라도 누가 누구를 비난할 수 있겠는가?

그러나 그것에 1%, 누군가 다른 이를 위해 살면 심신에 좋은 호르몬이 분비되어 더 행복하고 건강하게 생활할 수 있다. 고혈압 발생율도 떨어지고, 동맥경화도 줄어든다. 인간은 마음을 지닌 동물이기 때문이다. 내가 아닌 다른 사람을 위해 살아가면 자신의 몸과 마음에 긍정적인 결과물이 우선적으로 생겨난다.

상대방의 입장을 조금씩 헤아려주다 보면 전쟁터의 분위기가, 가정의 분위기가, 삶을 영위하는 지역의 분위기가 바뀐다.

'1%주의'는 지속력이 강하다. 계속된다는 건 하나의 힘이다.

나는 체르노빌 구호활동에 24년 이상 힘을 쏟아왔다. 이라크의 백혈병환우 지원사업도 벌써 10년을 맞이했다.

체르노빌에 처음 갈 때, 또 이라크의 전쟁터를 오가기 시작할 때, 많은 사람들은 나에게 바보라고 했다.

그렇다. 나는 바보다. '1%주의'를 취하면 누구나 쉽사리 바보가 된다. 역설적인 표현일지 모르겠으나, 그렇기 때문에 자유로워지기 쉽다. 고단한 사회에서는 이런 바보가 많을수록 좋은 것 아닐까?

인생이 아니라 오직 1%를 거는 거라고 생각하면 선택하기가 한결 쉬워진다.

그런데 '나같이 부족한 사람에게만 맡길 수 없다'고 생각해서인지 진심으로 도와주려는 사람들이 늘어났다. 헤아리기 어려울 정도로 많은 1%의 응원이 쏟아져 들어왔다. 그래서 나도 1%의 노력, 인내, 힘 따위를 한껏 발휘하려고 애써왔다. 1%도 한 데 모이면 강해진다.

'참고 참으며 열심히 사는 것만이 능사는 아니다'라고 말하면서도 치열하게 살아온 나를 돌아보면, 입으로는 1%를 외치면서도 실제로는 101%를 목표로 삼았는지도 모르겠다.

'1%의 인내'라고 생각하면, 내키지 않는 상황에서도 참고 견딜 수 있었다. '1%의 노력'이라고 생각하면, 어떤 상황에서도 힘을 낼 수 있었다. '1% 더'라고 생각하면, 마음이나 몸을 움직이기가 훨씬 수월했다.

나는 스와 중앙병원에 부임한 후 나가노 지역의 건강 만들기 운동을 40년쯤 진행해 왔다. 주민들을 만날 때마다 이런 말을 건네곤 한다.

"생활습관을 1%만 바꿔보지 않으시겠어요?"

누구든 몸에 배인 습관을 한꺼번에 바꾸기란 쉬운 일이 아니다. 하지만 1%라면 가능할지도 모른다고 생각했던 것이다.

그 뒤 나가노 지역 전체가 크게 바뀌었고, 놀랍게도 일본 제1의 장수촌이 되었다. 나는 이런 경험들을 통해 인생 또한 1%로 바뀔 수 있다는 사실을 알게 되었다.

1%란 참으로 신비한 숫자이다. 0과 비교해 보면, 1%는 그야말로 엄청난 의미를 담고 있다. 100%와 비교할 때 형편없이 작아 보이는 1%가 사실은 무한대의 가능성을 내포하고 있는 것이다.

1%, 그것을 바라보는 눈길을 바꾸면 인생이 바뀐다.

모든 사람이 생활습관을 1%만 바꾸면, 우리가 살아가는 사회도 틀림없이 바뀐다. 어쩌면 세계 전체가 바뀔 수도 있다.

이것이 '1%의 오묘한 작용'이다. 1%에는 신비로운 힘이 담겨 있다.

차례

글을 시작하며 • 5

제1장 '1% 더'의 신비한 힘 • 15

불행을 행운으로 바꾸는 비결 • 17
불우했던 유년시절이 가르쳐준 1%의 중요성 | 1%의 기회를 확대하는 법

1%의 가능성을 믿고 사업을 성공시킨 사나이 • 26
운이 나빠도 지지 않는 삶 | '나는 운이 좋다'는 확신의 힘

1%에 감춰진 무한한 가능성 • 35
벼랑 끝에서 만들어낸 기적 | 암도 못 이기는 삶의 의미

100을 101로 만드는 1%는 '사랑의 힘' • 45
사랑하는 사람을 위한 마지막 1% | 당신의 1%가 누군가에게는 마지막 희망

또각또각 도마질 소리의 기적 • 54
인생을 빛나게 하는 '1% 더'

제2장 '단 1%'로 구원받는 순간 • 63

'1%씩' 슬픔의 옷을 벗어가는 사람들 • 65
위로하며 위로받는 삶 | 질망 속에서도 별을 바라보는 사람

끊고 버리고 떠나라 • 73
1%의 단사리가 필요한 시대 | 진정한 단사리 대상은 마음의 집착

상대방의 입장에서 세상 바라보기 • 83
존재만으로 힘이 되는 사람 | '단 1%'에서 시작된 새로운 세상

슬픔 속에서 발견하는 또 하나의 자기 • 91
슬픔의 풍경 속에 비친 인생의 의미

제3장 1%의 메커니즘 • 99

어떤 상황에서도 지지 않고 살아가는 법 • 101
삶의 마지막 순간에도 계속된 사랑

'1% 더'의 무게 • 108
철학하는 인간을 꿈꾸며 | 철학은 인생의 설계도 | 1% 감점의 비밀 | 자기부정과 자기긍정

사람은 누구나 혼자서 죽는다 • 116
홀로 죽는 것에 대한 두려움 | 무모하지만 후회 없는 1%의 선택

한 걸음으로 십 리를 갈 수는 없다 • 124
인간이 하는 일에 쓸모없는 건 없다 | 그래도 우리에게는 바다가 남았다 | 절망을 희망으로 바꾸는 1%

제4장 '우선 1%' 관점을 바꿔본다 • 133

하고 싶은 것은 하는 게 좋다 • 135
목숨조차 중요하지 않은 순간

세상을 떠난 후 보내온 편지 • 141
'1%밖에'라고 생각하지 않는 태도 | 내가 아닌 누군가를 소중히 생각하는 마음

심호흡이 상황을 바꾼다 • 149
소중한 사람과 나누려는 마음

'우선 1%' 악에서 선으로 • 157
인간의 잔인성이 빚어낸 비극 | 마음의 1% 여유

 제5장 '누군가를 위한 1%'가 인생을 바꾼다 • 167

인간의 새로운 규정, '호모 러브엔스' • 169
1% 의도에서 시작된 인류 최초의 이타적 행위 | 우주와 이어져 있는 모든 생명체 | 인간은 사랑을 하는 동물

'이타적인 생활방식'은 사실 이기적인 것 • 180
'1%의 친절'이 출발점 | 1%가 마침내 전부가 되는 순간

마음을 동그랗게 모으면 보이는 것들 • 187
자존감 강했던 12세 소년 | 누군가를 위해 1% 열어젖힌 마음

집안 분위기가 '1%의 기적'을 만든다 • 195
부모와의 대화가 아이에게 미치는 영향 | 그 무엇보다 소중한 '자유'

친구를 생각하는 마음 1%로 실현된 인생 2막 • 208
기적의 목욕탕, 센닌부로 이야기 | 1%의 바보들이 만들어낸 기적

글을 마치며 • 216

제1장

'1% 더'의 신비한 힘

살다 보면 슬픔이나 괴로움이 마치 파도처럼 찾아오는 시기가 있다. 그럴 때 우리는 내면의 '강인한 자신'을 빨리 알아차려야 한다. 애초 강인한 사람과 허약한 사람이 따로 존재하지 않는다.

———

불행을 행운으로
바꾸는 비결

태어나면서부터 운이 좋은 사람도 있을 것이다. 하지만 대부분 운은 아주 사소한 계기로 뒤바뀐다. 운이 좋은 사람은 자기도 모르게 불행을 행운으로 바꾼다.

영국의 심리학자 리처드 와이즈먼Richard Wiseman 박사는 '기회를 최대한 확대시키는 사람이 행운을 만들어낸다'고 말한다.

운이 좋은 사람은 불행한 일이 닥쳐도 크게 당황하지 않으며, 나쁜 바람이 지나가기까지 참을성 있게 기다린다. 때로는 자신의 불행을 적극적으로 인정하고 정직하게 대면한다. 또한 불행한 일을 겪을 때도 그것의 긍정적인 측면을 바라본다.

운이 좋은 사람은 언제나 어깨에 힘을 빼고 지낸다. 그러면 우연히 찾아오는 기회를 발견하기가 쉬워진다. 직감과 본능이 중요하다고 생각한다면, 어깨힘을 빼는 것이 좋다.

또한 운이 좋은 사람은 새로운 경험을 선뜻 받아들인다. 아무리 힘들어도 새로운 경험을 기꺼이 반긴다. 그렇지 않으면 운은 찾아오지 않는다.

불우했던 유년시절이 가르쳐준 1%의 중요성

나는 양부모님과 함께 살았는데, 생활형편이 어려웠다. 어머니는 심장병으로 병원에 입원해 있는 경우가 많았다. 아버지께서는 택시를 운전했는데, 입원비를 벌기 위해 한밤중까지 일하는 날이 적지 않았다.

어렸을 때 우리집에는 텔레비전이 없었다. 나는 혼자서 외롭게 지냈다. 갓조차 달리지 않은 전구 하나가 달랑 켜져 있어, 유령이라도 튀어나올까 봐 두려웠다.

무서움을 어찌지 못하는 마음과 따분한 시간을 재미있게 보내고 싶은 마음에, 정규방송이 시작되면 이웃집으로 갔다. 그리고 텔레비전을 봐도 되느냐고 물었다. 그렇게 시간을 보내다 저녁식사 때가 가까워지면 집으로 돌아왔다.

어린 마음에도 그렇게 해야 한다는 걸 본능적으로 알고 있었다. 계속 텔레비전을 보기 위해서는 그 집에 폐를 끼쳐서는 안 되었다.

"텔레비전 잘 봤습니다. 안녕히 계세요!"

하지만 그렇게 나올 때마다, 내 등 뒤로 쓸쓸한 분위기가 감도는 건 어쩔 수 없었을 것이다. 그러던 어느 날 이웃집 아주머니께서 말씀하셨다.

"얘야, 오늘은 저녁을 먹고 가거라."

그 이야기를 듣고 마음속으로 얼마나 기뻤는지 모른다. 언젠가부터 다섯 번에 한 번 정도 나를 불러 세우셨다. 이걸 어떻게든 다섯 번에 세 번 정도 부르시게 할 수는 없을까 하고 생각해 보기도 했다.

아주머니의 음식은 맛있지 않은 것이 없었다. 우리집에서 아버지가 차려주는 밥상에 비하면, 처음 경험해 볼 정도로 맛있는 것뿐이었다.

"와, 정말 맛있어요."

"이렇게 맛있는 건 처음 먹어봐요."

"맛있는 음식을 먹으니 행복해요."

음식을 먹고 이렇게 말할 때마다 아주머니는 무척 기뻐하셨다. 집으로 돌아가려고 인사를 하면 "또 오렴"이라고 말씀해 주셨다. 미처

인식하지 못하는 가운데, 내게 다가온 기회를 무난하게 확대시킨 것이다.

시간이 지나면서 우리집의 어려움을 배려해 주는 이웃들이 많아졌고, 여러 집에서 식사를 하게 되었다.

그런 과정을 통해 나는 남의 집에서 밥을 먹는 일에 매우 익숙해졌다. 어쩌면 어린 시절부터 와이즈먼 박사가 말한 '기회를 확대하는 사람'이었는지도 모른다.

나는 대학을 졸업하고 나가노 현에 위치한 스와諏方 중앙병원(1950년 개설되어 나가노 현 자치단체들이 연합해 만든 조합에서 운영-옮긴이)에서 일하게 되었다. 수도인 도쿄에서 낙향한 셈이라 다른 사람들에게는 불행처럼 비쳐졌을지도 모른다.

하지만 나는 그곳에서 좋은 운의 바람이 불어오기를 지긋이 기다렸다. 그러다가 지역민을 위한 건강 만들기 운동을 시작했다. 그 결과 나가노 현을 일본에서 으뜸가는 장수촌으로 만들었다.

그런데 그런 성공 뒤에는 나만의 비결이 한 가지 숨어 있었다. 바로 남의 집에서 밥을 얻어먹은 어렸을 때의 경험이었다. 사람들 사이에 이런 소문이 돌았다.

"그 양반은 식사에 초대하면 언제나 오케이야."

"어떤 걸 내놔도 맛있게 드신 다니까."

마치 진기한 풍경이라도 감상하듯 사람들은 나를 식사에 초대했다. 가난하게 자라서인지 나는 유독 밥에 약하다. 먹는 자리에는 이상하게 거절을 못한다.

그리하여 나는 여러 사람들에게 밥을 얻어먹고 다니는 신기한 존재가 되었다. 또한 새로운 경험을 기쁘게 받아들였더니 뜻밖에도 행운이 찾아왔다.

이런 과정을 통해 나는 해당 지역의 먹거리 문화를 제대로 알게 되었다. 그리고 자연스럽게 건강에 좋은 식사와 나쁜 식사를 구분하게 되었다.

건강 만들기 운동이 성공을 거둔 것은 지역 사람들의 식습관을 속속들이 알게 되어서만은 아니다. 지역민들과 함께 식사한 것 자체가 중요한 의미를 지니고 있었다. 이는 훗날의 지역활동에서 큰 영향을 미치게 된다.

건강 만들기 운동을 위해 나는 연간 80회에 이를 정도로 열심히 지역을 돌아다녔다. 하지만 처음에는 일부 여성들의 협력밖에 끌어내지 못했다. 남성들에게는 철저히 무시당했다. 그러나 나는 포기하지 않았다. 우연한 기회에 찾아올지도 모르는 기회를 조용히 기다렸다.

함께 식사하는 과정에서 나의 열정이 전해진 것일까? 드디어 "이렇게 열심이니 돕지 않을 수 없다"고 말하는 사람들이 나타났다. 그들은 옆동네 지인들에게 전화를 걸어 이렇게 말했다.

"선생님이 다음주 그쪽에 가니까 건강모임에 꼭 참석하라고."

정작 자신들은 건강 만들기 운동에 별다른 관심을 보이지 않았다. 그렇지만 식사를 함께했다는 이유로 시골사람 특유의 인정미를 발휘하며 나를 친근하게 받아들였다. 그리고 내 일을 도와주려 애썼다.

1%의 기회를 확대하는 법

우크라이나 키에프 주의 체르노빌에 갔을 때도 농가 할아버지에게 이런 이야기를 들었다.

"우리 아이들을 돕기 위해 멀리서 오셨군요. 오늘은 우리집에서 식사하고 가세요."

할아버지와 할머니의 침대가 있고, 그 옆에 탁자가 놓인 가난한 집이었다. 할머니께서 손수 만든 요리를 잔뜩 내놓았다.

나는 그 맛을 지금도 잊지 못한다. 정말 맛있었다. 아무리 많은 돈을 지불하더라도 여행을 통해 그런 행복을 누리기란 쉽지 않을 것이다. 그것을 알기에 더욱 감사했다.

나는 1%의 기회를 항상 소중히 생각한다. 기회가 주어지면 그에 대해 고맙게 여겼다. 감사한 마음을 가지면 기회는 더 커지고, 귀중한 만남이 연달아 이루어졌다. 와이즈먼 박사가 말한 그대로다. 기회를 넓혀가는 가운데 행운이 찾아왔다.

어렸을 때 우리집은 끼니를 잇기 어려울 만큼 어려운 형편이었지만, 그런 불행 뒤에는 행운이 숨어 있었다.

가슴 아픈 기억이기는 하나, 불행을 행운으로 바꾼 또 하나의 사건이 있었다.

내가 열여덟 살이던 어느 여름날, 어떤 일이 뜻대로 되지 않아 화가 머리끝까지 난 나는 아버지의 목을 조르기 시작했다. 그렇지만 어느 순간 힘이 빠졌고, 다행히도 나는 그 행동을 멈추었다. 그때 왜 손에서 힘이 빠졌는지 모르겠다. 눈에는 보이지 않았지만, 어디선가 목소리가 들려오는 듯했다.

"그만 멈춰!"

나는 분명 이상한 힘이 작용했다고 생각한다. 그리고 운이 좋았다고밖에 말할 수 없을 것 같다. 그때 만약 생명의 은인인 아버지를 해쳤다면 지금의 나는 존재하지 못할 것이다.

그 일을 통해 나는 어떤 존재의 목소리에 감사하며 앞으로 1%는 누군가를 위해 살겠다고 다짐했다. 그렇게 결심하자 신비로운 만남과 행운의 사건이 잇달아 나를 찾아왔다.

동유럽에 위치한 벨라루스의 한 농가에서 돼지고기 비계를 소금에 절인 살로Salo라는 음식을 내주었다. 둘이 먹다 하나가 죽어도 모를 정도로 맛있었다. 비계로만 만들어져 입맛에 맞지 않으리라 확신했는데, 한입 먹는 순간 뜻밖의 맛에 깜짝 놀랐다.

전쟁으로 어려움을 겪는 이라크의 농민 캠프에 가서도 그와 비슷한 경험을 했다. 우리는 땅바닥에 신문지를 깔고 둘러앉아 닭고기 요리를 먹었다. 그 집 어머니가 정성을 다해 만든 음식이었는데, 소박한 식사였지만 산해진미가 따로 없었다.

팔레스타인의 가자지구에 갔을 때도 "식사하고 가세요"라는 요청을 많이 받았다. 함께 밥을 먹다 보면 서로 마음이 통하는 법이다.

이처럼 나는 밥으로 인해 사람들과의 관계가 수월하게 풀려나갔다. 어디서나 응원을 받을 수 있었던 까닭은 내가 외롭게 자랐기 때문이 아닌가 싶다. 가정환경 탓에 친구들에게 도움을 받으며 생활할 수밖에 없었다. 이웃들에게 밥을 얻어먹기도 했다. 그런 이유로 나는 어디서 밥을 먹든 "맛있어요. 정말 맛있습니다"라고 말하는 사람이 되었다.

그 때문인지 모르겠지만, 주변에서 밥을 먹자고 청하는 경우가 무척 많았다. 무엇을 먹든 "맛있다"고 말해서 기분이 좋았던 것일까?

만날 때마다 자기 고민만 털어놓는 사람, 초조한 기색으로 걸핏하면 삐치는 사람, 시종일관 타인을 원망하는 사람은 눈앞의 기회조차 제대로 알아보기 어렵다.

먼저 행운을 상상하는 것이 중요하다. 흔히 인생의 절반쯤은 착각과 오해로 만들어진다고들 하지 않는가? '나는 운이 좋다'고 생각하는 것이 행운을 불러오는 첫 번째 조건이다.

불행을 행운으로 바꿀 기회는 지금도 당신 주변에서 서성대고 있다. 부디 그 기회를 놓치지 말기를 바란다.

1%의 가능성을 믿고
사업을 성공시킨 사나이

결코 패배하지 않겠다고 생각하는 사람은 지지 않는 법이다.

나는 헤밍웨이를 좋아한다. 그의 발자취를 좇아 멀리 킬리만자로의 눈을 보러 아프리카에 간 적이 있다. 돌아오는 길에는 스페인의 마드리드에 있는, 기네스북에 가장 오래된 식당으로 등록된 보틴 Botin에 들렀다. 헤밍웨이가 자주 찾던 단골집이다.

나는 지하 레스토랑에서 그가 즐겼다는 돼지 통구이를 먹었다. 지난날 헤밍웨이가 앉았던 자리에서 그 분위기와 공기를 함께 느끼고 싶었던 것이다.

헤밍웨이는 『누구를 위하여 종은 울리나』라는 작품에서 '모든 뛰어난 사람은 유쾌하다'고 썼다. 이 말은 삶에서 대단히 중요하다. 인생을 근사하게 살아가기 위해 '유쾌함'은 꼭 필요한 요소이다.

『노인과 바다』를 보면 노인이 거대한 청새치를 잡지만, 배 옆구리에 묶어 돌아오는 도중 상어에게 살을 다 뜯기고 청새치의 뼈만 남은 장면이 나온다. 노인은 바다와의 싸움에서 진 것처럼 보인다. 하지만 결코 지지 않았다.

노인의 입을 빌려 '인간은 파멸할지언정 결코 패배하지 않는다'고 헤밍웨이는 말한다. 패배하지 않는다고 생각하면 그만인 것이다.

운이 나빠도 지지 않는 삶

"선생님, 인생은 참 재미있는 것 같아요."

야지마 미츠토 씨가 큰소리로 말하며 외래 진찰실로 들어왔다. 92세라고는 믿기지 않을 정도로 건강한 목소리이다.

그는 참으로 인생을 재미나게 살아왔다. 나는 그 분이 무척이나 좋다. 의사와 환자의 관계를 뛰어넘어 우리는 친구처럼 지낸다. 그는 나가노 현에 이케노다이라池の平 호텔과 시라카바白樺 호 패밀리랜드를 세웠다. 현역에서 물러난 지 오래지만, 아직도 개척자 분위기

를 풀풀 풍긴다. 정말 사랑스러운 분이다.

10년쯤 전에 경추증(목뼈가 변형되어 척추나 신경근을 압박하여 생기는 증상-옮긴이)으로 일상생활이 불편해지자, 나가노 현 밖의 유명한 병원에서 수술을 받았다. 하지만 결과가 만족스럽지 않았을 뿐만 아니라, 마비증세가 오히려 심해졌다.

그렇지만 그는 불평하지 않았다. 언제 죽든 상관없다며 태연한 모습을 보였다. 어디 그뿐인가? "나라는 사람은 잘 죽지도 않아요"라며 주변 사람들을 웃게 만들었다.

그는 손발의 근육뿐만 아니라 가슴 주위의 근육까지 줄어들어 담을 제대로 배출하지 못했다. 그리하여 오연성誤嚥性 폐렴(기관지에 잘못 들어간 이물질에 포함된 세균으로 생기는 폐렴-옮긴이)에 여러 차례 걸렸다. 몇 번씩이나 죽을 뻔했던 것이다.

그런 과정 속에서도 그는 기적적으로 회복되곤 했다. 그렇게 되는 것이 당연하다는 표정으로 다시 살아났다.

"나는 강한 운을 타고났다고 스스로 생각합니다. 그렇게 해서 좋은 운을 끌어오는 거예요."

그의 사고는 지극히 단순하다. 그야말로 근거가 없는 확신이다.

나는 그러한 인생철학을 모르는 체하며 "운수가 사나워서 자꾸 살아나는 거예요"라는 농담을 건네기도 한다.

그는 엄청난 고난을 겪으면서도 실낱같은 가능성에 의지하며 꿋꿋이 살아온 사람이다. 어려서 부모님을 잃은 그의 삶은 고독했다. 삼촌들의 도움으로 살아가다, 태평양 전쟁이 한창이던 1943년 입대했다.

"나한테는 부모도 처자식도 없어. 오로지 혼자 몸이야. 그러니 무엇이 두렵겠는가?"

그는 무서울 게 없으니 당당하게 죽으러 가자고 생각했다.

처음에는 중국 베이징에 배치를 받았다. 그러다가 간부후보생 시험에 합격해, 육군예비사관학교에서 교육받은 뒤 육군의 선박대로 옮겨갔다. 그곳은 바로 바다의 가미카제 특공대였다. 그는 원자폭탄이 투하되는 히로시마 현의 에다지마에서 특공훈련을 받았다. 당연히 죽음을 각오한 채 훈련에 임했고, 얼마 뒤 출격대기 명령을 받았다.

그런데 출격 직전 갑자기 중지명령이 떨어졌다. 당시에 그는 '목숨을 건질 수 있게 되다니 다행이다'라고 생각했다고 한다.

1945년 6월, 이번에는 규슈 지역의 아마쿠사로 이동하라는 명령을 받았다. 당시 일본 군부에서는 머지않아 전개될 미군의 본토 상륙에 대비한 전투 준비를 강구하고 있었다.

그는 그곳에서 임시교사로 일하던 현재의 아내, 즉 시즈코 씨와 운명적으로 만났다. 그리고 얼마 뒤 그녀의 커다란 집 마루에서 일본이 무조건 항복했음을 라디오로 들었다.

그렇게 전쟁은 끝이 났다. 그는 죽음을 각오했으나, 죽지 않았다.

하지만 그러한 시절을 보내며 반쯤 넋이 나가고 말았다. 미츠토 씨 23세, 시즈코 씨 17세이던 해의 여름이었다.

그는 자신의 몸과 마음을 불사를 수 있는 일을 간절히 원했다. 그러던 중 부모님이 돌아가신 후 신세를 진 삼촌에게서 "산에 올라가 생활해 보면 어떻겠느냐?"는 말을 들었다. 운이 좋은 사람은 남의 말을 잘 듣는 법이다.

나가노 현은 산지가 대부분으로, 평지는 그다지 넓지 않았다. 당시 전쟁에서 패배한 일본은 식량난이 심각했다. 그는 집안의 삼촌 말대로 산에서 살아보기로 마음을 먹었다. 1945년 12월의 일이었다.

현재의 시라카바 호 근처에 고원농업연구소가 있었는데, 일이 잘 풀리려는지 그곳에 취직이 되었다. 그런데 얼마 못 가 연구소의 주요 멤버와 후원자들 모두 손을 들고 말았다. 나가노 현의 삼림지대는 기온이 낮아 농사에 적합하지 않았던 것이다. 하지만 불행마저 행운으로 바꾸고 마는 그 사나이는 천성적으로 활기가 넘쳤다. 그리고 낙천적이었다.

도로도 만들어져 있지 않고, 전기도 들어오지 않으며, 전화도 연결되어 있지 않았다. 자본도 없고, 후원도 없고, 경험도 없는, 그야말로 아무것도 없는 상황에서 그는 농사를 짓기 시작했다. 가능성이 1%에 불과한 무모한 출발이었을 것이다. 그러한 1%의 가능성을 보고 그는 무작정 덤벼들었다.

그러던 중 3년 동안 편지를 주고받던 시즈코 씨가 그를 찾아왔다. 램프를 켜고 생활해야 하는 시라카바 호의 낯선 황무지로 말이다.

'나는 운이 좋다'는 확신의 힘

시즈코 씨의 친정은 부유했다. 버스보다 택시를 주로 이용하는 집이었다. 그녀의 집에서는 화려한 샹들리에가 빛을 밝혔다. 그러나 시라카바 호의 이동수단은 마차였다. 그뿐인가? 10년 동안이나 램프를 켜고 살아야 했다.

산골에서 농사를 짓는 촌사람과 절대로 결혼할 리 없다고 생각했지만, 시즈코 씨는 그와 결혼했다. 이때 1%의 가능성이 그를 향해 움직이기 시작한 건 아닐까? 하나의 기적이 일어나면 좋은 일이 잇달아 생겨나는 법이다.

미츠토 씨는 그녀를 위해 무언가를 하지 않으면 안 된다고 생각했다. 여기에서 1%의 기적이 시작되었다. 하지만 고산지대에서는 채소를 안정적으로 생산하기 어려웠다. 표고가 높아 기온이 낮았기 때문이다. 첫 서리가 내린 어느 날, 정성들여 가꾸던 들깨가 모조리 죽고 말았다.

"함께 농사짓던 사람들이 포기하고 산에서 내려갔어요. 나는 알 수 없는 오기가 생겼습니다. 산에서 내려가자고 마음먹는 것은 간단한 일이죠. 하지만 나는 '여기밖에 없어. 절대 물러서지 않겠어'라고 결심했어요."

그는 습지대에 도로를 만들기 시작했다. 산에 머무르고 있는 사람들 모두 농사를 지을 수 있도록 최선을 다했다. 물론 다른 사람들도 기꺼이 힘을 보탰다. 이런 노력은 결국 결실을 맺었다. 버스회사 및 나가노 현과 오랫동안 협상한 끝에 하루 한 차례 버스가 운행되었다. 승무원의 잠자리와 식사, 버스 매표소, 대합실 등 모든 것을 미츠토 씨가 중심이 되어 준비했다.

농지를 개척하는 과정에서 혹시라도 숙박을 원하는 외지인이 찾아오면 최대한 편의를 봐주었다. 그러한 단순한 친절이 자연스럽게 관광사업으로 이어졌다. 그것은 마치 운명과도 같았다. 친절은 소중한 가치이다.

"내가 어떻게 할 수 없는 커다란 흐름이 있었어요."

언젠가는 길을 잃은 등산객들을 하루 묵게 해주었다. 그들은 무척 고마워하며 큰 액수는 아니지만 얼마간 돈을 놓고 떠났다. 미츠토 씨는 그 일을 통해 '이렇게 살아가는 길도 있겠구나'라는 생각을 하게 되었다고 한다. 영감이 넘치는 사람이다. 그는 그때부터 호텔을 세우겠다는 꿈을 조금씩 키워나가기 시작했다.

미츠토 씨는 수많은 곳을 돌아다니며 성공한 이들의 이야기를 들었다. 그렇지만 그 사람들과는 다르게 행동했다. 또한 그는 책을 많이 읽었다. 하지만 책에 쓰인 대로 행동하지는 않았다. 때때로 책의 내용과 정반대의 행동을 취하기도 했다.

미츠토 씨는 사업을 추진하는 도중에, 다른 사람들과 마찬가지로 몇 번이나 어려움에 직면했다. 하지만 그때마다 그의 행동은 유별났다. 위축되어 선뜻 무언가를 하려 들지 않는 사람들과는 달리, 공격적으로 스케이트 링크나 스키장을 만들었다. 또 유원지나 수영장을 만들려고 시도하기도 했다.

그는 떠오르는 영감을 실천에 옮기는 용기와 지구력을 지닌 사람이었다. 어렸을 때부터 혼자 살아왔기 때문에 무서운 것이 없었다.

말이 다닐 수 있도록 애써 만든 개인도로를 나가노 현에 무상으로 제공했다. 그는 새로운 분야에 계속 도전했다. 운명에 순응하면서도 그 안에 마무르지 않고 10년 뒤를 늘 생각했다.

불경기 속에서 관광업이 크게 위축되었지만 실망하지 않았다. 패배하지 않겠다고 생각하는 사람은 지지 않는 법이다.

그는 시즈코 씨에게서 받은 1%의 가능성을 조금씩 조금씩 키워나 갔다. 결국 그가 세운 호텔은 나가노 현에서 손꼽히는 업체가 되었다.

당시 관광업계의 제왕으로 꼽히던 도큐 콘체른의 총수 고토 게이타 씨가 호텔과 광대한 토지를 매입하고 싶다는 의사를 전해왔다. 하지만 그는 조금의 망설임도 없이 그 제안을 거절했다.

상식적으로 미츠토 씨가 좋은 운을 타고났다고는 말하기 어려울 것이다. 어렸을 때 부모를 잃고, 전쟁에 참여해야 했으며, 산 속에서 10년 동안 온갖 어려움을 겪었다. 더군다나 그는 아이까지 한 명 앞세우는 고통을 맛보았다. 괴롭기 짝이 없는 인생이었다.

그런 상황에서 그를 지탱해준 건 '나는 운이 강하다'는 믿음이었다. 불행한 삶이었음에도 스스로 운이 좋다고 굳게 믿자 인생이 바뀌었다. 가능성이 제로에 가깝더라도 일단 시작해 보자. 좋은 일이 한 가지 생겨나면, 연이어 좋은 일이 벌어진다. 패배하지 않겠다고 작정한 사람은 결코 지지 않는 법이다.

1%에 감춰진
무한한 가능성

　인간은 약해 보이지만, 실제로는 강인한 존재이다. 스스로 허약하다고 생각하는가? 좀더 강인해지고 싶은가? 그렇다면 인간관계를 바꿔보시라.

　살다 보면 슬픔이나 괴로움이 마치 파도처럼 찾아오는 시기가 있다. 그럴 때 우리는 내면의 '강인한 자신'을 빨리 알아차려야 한다. 애초 강인한 사람과 허약한 사람이 따로 존재하지 않는다. 한 사람의 내면에 강인함과 허약함이 공존하는 것이다.
　사람은 인간관계 속에서 강인해지기도, 허약해지기도 한다. 이번에 소개할 주인공은 강인해 보이면서도 허약하고, 허약해 보이면서도 강인한 인물이다.

중요한 건 내면에 자리잡은 강인한 부분에 좋은 자극을 주는 것이다. 1%에 불과할지라도, 그것을 계기로 어떤 일이 좋은 쪽으로 전개될 수 있다.

1%는 결코 작은 가능성이 아니다.

1%는 무한한 가능성의 시작일 수 있다.

그처럼 소중한 1%를 움직이기 위해서는 무엇보다 좋은 인간관계가 필요하다.

벼랑 끝에서 만들어낸 기적

2007년 어느 날, 규슈 남쪽지방에서 양호교사로 일한다는 어떤 이가 전화를 걸어왔다. 악성 중피종(中皮腫, 심막·복막·흉막 등 중피에 발생하는 종양-옮긴이)이 폐에서 발견되었다고 했다.

중피종은 예후가 좋지 않다. 게다가 진단도 어렵다. 발병 후 2년 생존율이 20%에 불과하다는 통계가 있을 정도다. 이 병에 걸린 많은 사람들이 채 2년을 살지 못한다는 말이다. 악성질환 중에서도 질이 나쁜 편에 속한다.

그 선생님은 왼쪽 폐를 들어내는 수술을 받았다. 그리고 항암치료를 받는 중에 뇌경색이 발생했다. 그로 인해 오른쪽이 완전히 마비되고 심각한 실어증이 동반되었다.

30대의 미혼 여성이었던 선생님은 순식간에 나락으로 떨어지고 말았다. 잇달아 일어난 비극으로 병원에 대한 불신감이 최고조에 이르러 있었다. 그녀는 이렇게 절규하고 싶었을 것이다.

'어째서 이런 일이 나에게 계속 벌어지는 거지?'

그렇지만 실어증으로 그런 말조차 할 수 없었다.

다행히 그녀는 재활훈련을 통해 다리를 끌며 간신히 걸을 정도가 되었다. 실어증도 조금씩 나아졌다.

그런 결과에 조금이나마 기뻐하고 있을 때 중피종 재발이 의심된다는 의사의 말을 들었다. 그녀는 간신히 찾아가던 삶의 기력을 완전히 잃어버리고 말았다.

"스와 중앙병원으로 가고 싶어."

'이왕 죽을 거라면 따뜻함이 느껴지는 치료를 받으며 죽고 싶다'고 마음먹은 것이다. 지난 1년 동안의 치료과정 속에서 병원에 대한 불안과 불신이 커질 대로 커져 있었다.

우여곡절 끝에 그녀는 어머니와 함께 나를 찾아왔다. 우리는 혹시라도 완화치료 병동(말기암 환자의 호스피스 병동—옮긴이)에 바로 입원해야 할지도 모른다는 생각에 만반의 준비를 갖추었다.

중피종은 종류가 매우 다양했는데, 진행 속도가 천차만별이었다.

"재발한 중피종은 더 이상 손을 쓰기가 어렵습니다."

내 말에 그녀는 미소를 지으며 말했다.

"어차피 죽을 거라면 어떻게 죽을지 알고 싶어요. 죽음을 맞이하는 순간까지 긍정적으로 생각하며 지내고 싶습니다. 아직도 하고 싶은 일이 많거든요. 그때까지 하고 싶은 일을 하며, 마음껏 웃으면서 살고 싶어요. 고통 속에서 마냥 찌푸린 얼굴로 지내고 싶지 않습니다."

"웃는 모습이 참 보기 좋네요."

"뭐가 됐든 하고 싶은 말은 솔직하게 하는 성격이에요. 학교에서 근무할 때도 하고 싶은 말이 있으면 꼭 했죠. 그래서 '잔 다르크'라고 불리기도 했답니다."

"그러면 마지막에 화형을 당하는 건가요?"

내가 웃으며 농담을 건네자, 그녀가 말했다.

"타고난 성격이 그래요. 학교생활에 적응하지 못하는 아이들이 저를 찾아오곤 했어요. 좀 맹한 구석이 있는 데다 활달한 것이 유일한 장점인 저를요. 저에게 장난을 치듯 이야기하고는 '이제 기분이 좀 나아졌어요'라고 말한 뒤 교실로 돌아가곤 했죠. 괴로운 상황에 놓인 아이들 기분을 잘 아니까 자연스럽게 귀기울여 듣게 되더라구요.

선생님들이 애들 말을 잘 들어준다며 저를 칭찬하기도 하시는데요. 실은 뇌경색 후유증으로 실어증이 생겼거든요. 그래서 말을 능숙하게 하지 못해 '아~' '어~'라고 하거나, '그거 큰일이네~'라고 말하며 들어줄 수밖에 없었어요. 제 병이 저를 그렇게 만든 거예요. 주위 사람들은 그런 사정을 모르니 '대단하다'고 말하는 겁니다. 알고 보면 조금도 대단할 게 없어요."

이렇게 말하며 웃는 그녀의 모습은 보는 사람의 마음까지 환하게 만들었다.

"그렇게 웃으니 얼굴에서 빛이 나는 것 같습니다."

나는 진심으로 그렇게 말했다.

"양호실에 찾아오는 아이들이 저한테 '대낮 화장실의 100와트'라는 별명을 붙여줬어요. 쓸데없이 켜져 있는 거라고 놀리는 거죠. 암이 재발하고 설상가상으로 뇌경색까지, 온통 괴로운 일뿐이었어요. 어차피 죽어야 한다면 이곳에서, 스스로 납득되는 상황 속에서 세상과 이별하고 싶습니다."

그녀는 우리 병원에 입원할 수 있게 해달라고 거듭 부탁했다.

그녀가 앓고 있는 병은 분명히 위중했다. 완치 확률이 거의 없어 보였다. 하지만 생명과 관련해, 인간으로서는 도무지 알 수 없는 일이 가끔 벌어지기도 한다.

"당신에게는 쾌활함이라는 무기가 있어요. 당신이 내 딸이라면 다시 한 번 해보자고 할 겁니다. 언젠가 포기해야 할 때가 올지도 모르지만, 완치되어 70세 넘은 할머니가 될지도 모르는 일이죠.

물론 6개월 이내에 심각한 위기가 닥쳐올지도 모릅니다. 그 누구도 알 수 없는 일이에요. 하지만 '재발했으니 이제 끝'이라고는 절대로 이야기할 수 없어요. 당신의 장점인 '100와트'에 희망을 걸어보지 않겠어요?"

줄곧 고개를 숙이며 눈물짓던 그녀의 어머니가 처음으로 미소를 보였다.

암도 못 이기는 삶의 의미

이미 왼쪽 폐가 없는 상황에서 그녀의 오른쪽 폐에도 전이가 시작되었다. 정신적으로 대단히 긴박한 시기였다.

오른쪽 폐로 전이되는 상태였기 때문에 전화통화만 해도 기침을 했다. 주위에서 '저 정도면 사표를 내는 게 낫지 않나' 하는 시선으로 바라보았다.

그러자 그녀가 나에게 전화를 걸어왔다. 나는 이렇게 말해주었다.

"그만두지 마세요. 학교생활에 잘 적응하지 못하지만, 당신을 좋아하는 마음 하나로 견디는 아이들이 있잖아요. 병에 지지 않는 모습을 무기력해져 있는 아이들에게 계속 보여주세요."

얼마 뒤 그녀의 몸상태는 기적처럼 다시 좋아졌다. 그러자 밝은 목소리로 전화를 걸어왔다.

"마치 제가 좀비처럼 부활하는 것 같지 않으세요?"

학교에서 선생님들이 "어디에서 그런 힘이 나오는 거예요? 단순히 의학기술로는 설명하기 어려운 부분이 있어요. 무언가 알 수 없는 힘이 작용하는 것 같아요"라며 진지하게 이야기했다고 한다.

하지만 어느 정도 시간이 흐르자 항암제가 말을 듣지 않았고, 오른쪽 폐로의 전이가 확산되었다. 어떻게 손을 써볼 도리가 없었다. 그때 그녀가 내게 편지를 보내왔다.

이제 사표를 내야 하나, 하고 고민하고 있습니다.
주치의가 이런 상황에서도 계속 일하는 사람을 본 적이 없다고 하네요.

나는 곧바로 답장을 보냈다.

일을 그만두면 안 됩니다.
지금 근무하는 학교의 교장선생님은 이해심이 무척 깊은 분이세요. 딱 한 번만 기회를 더 주세요, 하고 부탁드려 보는 건 어떨까요?

당신은 그런 부탁을 할 만한 자격이 있는 사람입니다. 당신 덕분에 많은 아이들이 교실로 돌아가고, 학교생활을 계속할 수 있게 되었으니까요.

얼마 지나지 않아 내 편지에 대한 답장이 도착했다.

교장선생님께서 이렇게 말씀하시네요.
"그만둘 필요 없어요. 선생님의 존재 자체가 많은 의미를 갖고 있습니다. 아이들에게 병과 맞서는 모습을 보여주세요. 혹시라도 상황이 어렵다면 나중에라도 반드시 학교로 돌아와주세요. 그리고 생명의 소중함에 관한 수업을 맡아주세요. 기다리고 있겠습니다."

나는 그 편지를 읽고 눈물이 날 것 같았다. 30년 넘게 나이차이가 나지만, 소중한 친구의 긴박한 처지에 따뜻한 응원을 보내고 싶은 마음이 간절했다. 그래서 그 상황이 마치 내 일처럼 기뻤던 것이다.
교장선생님의 "기다리고 있겠습니다"라는 한마디에, 그녀의 마음속에 자리한 '살겠다는 각오'의 스위치가 '켜짐'으로 바뀌었다.
그녀가 〈처음이자 마지막인 나의 생명수업〉의 예비원고를 나에게 보내왔다. 학교로 돌아가고 싶은 간절한 마음이 느껴졌다. 그 원고에는 그녀가 소중히 여기는 세 가지가 담겨 있었다.

'자신의 삶을 온전히 누리기', '하루 하루 감사히 살기', 그리고 세 번째는 내가 언급한 '누군가를 위해 1% 살아 보기'이다. 내가 그녀에게 건넨 바통이 학생들에게 이어진 것이다.

이제는 가망이 없다는 말을 들은 지 벌써 7년이 지났다. 하지만 그녀는 여전히 생명을 유지하고 있다. 정말 대단하지 않은가?

조만간 그녀가 일하는 학교에서 나와 함께하는 강연이 예정되어 있다. 나는 진심으로 그녀를 존경한다. 그녀의 전향적인 삶의 태도는 뭐라 표현할 수 없는 소중한 재능이다. 낙천적인 삶의 태도가 '1%의 기적'을 일으키고 있다.

그녀는 아이들에게 '화장실의 100와트'라는 말을 들었다. 하지만 그러한 표현은 잘못된 것이다. 그녀는 분명 '화장실의 101와트'이다. 쓸데없이 낭비되는 100와트짜리 빛이 아니다. 100와트에 1와트가 보태지면 밝기가 달라진다. 인생이 아름답게 빛을 내는 것이다. 활기찬 낭비가 얼마나 있느냐에서 인생의 승부가 결정된다.

아직 병에 진 것이 아니다. 아직 경기장에서 밀려나지 않았다. 당신의 질병은 낫는다. 나는 그렇게 믿고 있다.

완치 가능성이 없을지도 모르지만, 내일 일은 누구도 모르기 때문이다.

그녀에게서 거의 날마다 문자가 오거나 전화가 걸려온다. 호흡곤란이 찾아와 완화치료 병동에 입원하고서도 불평 한마디 없다. 그녀를 둘러싸고 형성된 인간관계가 온통 따뜻하다. 자신의 삶에 대한 믿음이야말로 그 얼마나 소중한가?

아직 젊은 나이인데 말기암과 뇌경색에 걸리고 말았습니다.
하지만 누군가에게 도움이 되고 있어요.
저는 결코 불행하지 않습니다.

인간이란 참으로 신비한 존재이다.

100을 101로 만드는
1%는 '사랑의 힘'

사람이 사람을 사랑할 때 스토리가 탄생한다. 100%의 힘을 쏟아부은 뒤 한 걸음 나아가는, '1% 더'에서 탄생한 스토리야말로 수많은 사람들에게 감동을 선사한다.

노벨경제학상을 수상한 대니얼 카너먼Daniel Kahneman의 이론 가운데 '피크엔드 법칙Peak-End Rule'이 있다. 과거 경험에서 자신이 실제로 느낀 정서반응을 모두 합하기보다는 경험의 '절정기'나 '끝날 때'의 정서반응에 근거해 전체 경험을 판단한다는 것이다. 곧 인생에서 중요한 것은 결코 길이가 아니라는 의미이다.

이번에 소개하는 주인공 두 사람이 함께 걸어온 인생은 대단히 짧았다. 하지만 사랑의 절정기인 '피크'는 매우 높았다.

 아내가 남편의 타고난 모습 그대로를 적극적으로 지지하고 지켜주는 가운데 마지막을 맞이하는 모습이 감동적이다. 행복한지 아닌지를 판단하기 위해서는 피크와 엔드가 중요하다. 끝이 좋으면 다 좋다.

 피크와 엔드의 시기에 소중한 사람을 위해 '1% 더' 살면 인생이 한층 빛나기 시작한다. '1% 더'에는 신비한 힘이 담겨 있다.

사랑하는 사람을 위한 마지막 1%

 4년 전 한 여성이 사내아이를 출산했다. 부부에게 가장 행복한 시기였다. 하지만 2개월 뒤 남편의 위와 폐에서 동시에 암이 발견되었다. 그녀의 나이 불과 28세 때였다.

 이런 비극이 또 있을까? 하지만 그녀는 남편을 위해 최선을 다하자고 결심했다.

 세토 내해瀨戶內海(혼슈와 시코쿠, 규슈 사이의 좁고 긴 바닷길—옮긴이)의 어느 지역에 사는 그 여성에게서 나는 다음과 같은 편지를 받았다. 그녀는 6년 정도 파티시에patissier로 일했는데, 지금은 컴퓨터 관련 강사로 일하며 생계를 꾸려간다고 했다.

바쁘실 텐데, 이런 편지를 드리게 되어 죄송합니다.

저는 지난달 폐암으로 남편을 잃었습니다. 남편 나이 37세, 투병기간은 4년이었지요. 그가 세상을 떠나기 3개월 전부터 집에서 생활했습니다.

그 사이에 지인의 권유로 선생님 책을 읽게 되었고, 꼭 한 번 만나뵙고 싶다는 생각을 했어요. 제 이야기를 들은 스와 중앙병원 간호사께서 이번 강연을 소개해 주셨는데, 덕분에 많은 걸 깨우치게 되었답니다.

남편의 재택 간병은 다소의 불안함 속에서 이루어졌지만, 선생님 말씀을 듣고는 그걸로 됐구나 하는 마음을 갖게 되었습니다.

고맙습니다.

나는 누군가에게 조금이나마 도움이 되었다고 생각하니 기뻤다.

그녀의 남편은 수술하고 잠시 상태가 좋아졌지만, 1년쯤 전부터 폐암이 뇌로 전이되고, 우반신 마비, 삼킴 장애가 발생했다. 위암은 복막과 췌장으로 전이되어 고통이 가중되었다. 식도에 구멍을 뚫고 호스를 꽂아 영양분을 섭취하게 했다.

입퇴원을 반복하는 가운데 그녀가 물었다.

"혹시 하고 싶은 게 있어요?"

그러자 남편이 대답했다.

"집으로 가고 싶어. 당신만 옆에 있으면 돼."

그 당시 남편은 전형적인 말기암 처치를 받고 있었다. 의료용 마약을 이용해 고통을 줄여주는 정도가 치료의 전부였다. 집으로 가고 싶어하는 마음은 이해하지만, 위중한 상태의 환자를 내보낼 수는 없다는 게 병원의 입장이었다.

한 국립병원에 입원해 있던 남편은 자신의 신세를 한탄하거나 비관적인 말을 단 한 번도 하지 않았다. 언제나 긍정적인 태도를 취했다. 아내는 그런 남편의 모습에 큰 감명을 받았다.

남편은 장난기가 많았으며, 경정競艇(노로 배를 저어 그 속도로 승부를 겨루는 경기-옮긴이)의 열렬한 팬이기도 했다. 병원에서 신문을 읽다 경정 주권舟券을 사오라고 부탁하는 일도 있었다.

아내는 그런 모습이 보기 좋았다. 그 사람답게 사는 것이 좋다. 그가 좋아하는 건 뭐든지 하게 해주어야겠다고 생각했다.

남편은 "집에 가고 싶다"고 반복적으로 말했다. 아내는 집에서 남편을 돌봐줄 유능한 간병인을 수소문했다. 그리고 찾아냈다.

주위에서는 "그 사람답게 마지막까지 살게 해주고 싶다"는 아내의 입장을 이해하고 응원했다. 집에서 간병을 도와주기로 한 사람들은 거리가 꽤 멀었음에도 퇴원 전에 일부러 병원에 가서 필요한 사항을 점검했다.

시간이 촉박했기 때문에 퇴원하는 날에야 집에 의료용 침대를 들여놓을 수 있었다. 네 살짜리 어린 아들을 위해, 아빠의 죽음을 이해하도록 도와줄 그림책도 준비했다.

폐암이 뇌로 전이되어 반신불수 상태에서 삼킴 장애가 계속되었지만, 남편은 좋아하던 일을 하고 싶어했다.

어느 날인가 남편이 "파친코를 하고 싶다"고 말했다. 그러자 부인은 어떻게 하면 그를 파친코에 데려갈 수 있을지 방문 간호사와 의논했다. 휠체어를 이용하려 했지만, 본인의 의지로 지팡이를 짚고 걸어서 갔다. 인간에게는 정말로 신비로운 힘이 있는 것 같다. 놀라운 일이 아닐 수 없다.

문제는 때때로 찾아오는 극심한 통증이었다. 그러나 '그런 상황에서 파친코를 하러 가다니 제정신이 아니야'라고 말하는 사람은 아무도 없었다.

오히려 어떻게 하면 그가 좋아하는 파친코를 하며 시간을 보낼 수 있을지 고민했다. 그러던 중 식도의 호스를 통해 진통제를 일정하게 투입하면 좋은 컨디션으로 파친코를 즐길 수 있다는 것을 알게 되었다. 게다가 좋아하는 일을 하니 '뇌 내 마약'으로 불리는 천연진통제 엔도르핀이 분비되어 통증을 잊기도 했다.

"인생이란 반짝반짝 빛나야 하는 거 아냐? 그렇지 않으면 무슨 재미가 있겠어."

남편은 이렇게 말하며, 파친코에 몰두할 때만은 괴롭거나 힘든 표정을 짓지 않았다.

그는 아들의 어린이집 등원을 담당했다. 파친코에서 좋은 자리를 차지하기 위해 이른 아침 줄을 서곤 했는데, 아이가 제비를 뽑으면 운이 좋다면서 큰소리로 웃었다고 한다. 좋은 파친코 자리를 선점한 후 그는 아들과 어린이집으로 향했다.

하원 시간에 아이를 데리러 가는 것도 그의 일이었다. 어린이집 원장과 친해져 한참동안 수다를 떨기도 했다.

그러다 건강이 악화되어 다시 입원해야 할 상황이 되었다. 그런데 파친코에서 놀라운 일이 벌어졌다. 높은 점수가 잇따라 터지고 구슬이 쏟아져나왔다. 사람들이 그가 앉은 자리로 구경가니, 의기양양한 표정으로 웃고 있었다고 한다. 그 주변에는 파친코 구슬이 든 상자가 잔뜩 쌓여 있었다. 그런 날이 사흘이나 계속되었다. 무려 45만 엔이나 벌었다고 한다. 그런데 남편의 말이 압권이다.

"이 정도면 입원비는 벌었지?"

그의 호쾌한 성품을 엿볼 수 있는 이야기이다. 그는 마지막까지 그답게 살다가 세상을 떠났다.

당신의 1%가 누군가에게는 마지막 희망

세토 내해의 어느 지역에서 강연을 했는데, 그 부인이 아들을 데리고 나를 찾아왔다. 그렇게 얼굴을 본 뒤 그녀의 편지가 도착했다.

사람은 각자 나름의 책임, 과제, 역할을 지닌 채 태어나는 것 같습니다. 따라서 과거의 일들은 앞으로의 제 역할에 대한 복선이라고 생각해요.

인생이란 살아온 시간의 길이가 아니라 자신에게 주어진 과제를 제대로 해결했는가, 소중한 사람에게 남겨진 과제를 잘 넘겨주었는가가 중요하다고 생각합니다. 실제로 제 남편은 그렇게 했어요. 세상에 머무른 시간은 짧았지만, 그 두 가지를 훌륭하게 완수하고 머나먼 여행을 떠난 거지요.

남편에게 주어진 과제는 사람들에게 고마운 마음을 갖는 것 아니었을까요? 그는 하고 싶은 것을 마음껏 한 뒤 주위에 진심으로 고마워하며 세상을 떠났습니다.

저에게 그 사람이 남겨준 과제는 혼자서만 너무 열심히 할 것이 아니라 주변의 도움을 받도록 한 것이구요. 제게 남긴 과제가 있다고 생각하면 마치 곁에 남편이 있는 것 같습니다. 남편이 저를 지켜보고 있다고 생각하면 힘이 납니다. 아들에게는 아빠의 부재를 통해 배울 수 있는 환경을 남기지 않았나 싶습니다.

사람은 서로 영향을 미치며 주변의 벽을 허물고 앞으로 나아가려 합니다. 만나야 할 사람이라면 만나고, 그럴 필요가 없다면 가볍게 스쳐 지나가겠지요. 설사 관계가 끊어졌더라도 필요한 인연이라면 다시 이어집니다.

그러한 인연의 힘을, 남편의 투병과정에서 강하게 느꼈답니다. 우리의 인생길이 미리 예정된, 그리고 각자 걸어가야 할 길이라는 점을 인식하니 관점이 바뀌더군요. 산다는 것은 어찌 생각해도 참 재미있는 일이에요.

가족이나 연애, 나아가 일이나 성공을 위해서는 '1%'를 착실히 쌓아가는 게 중요하다. 당연한 1%를 쌓아나가면서 인생의 정상에 다다르고, 의미 있게 마지막을 장식해야 한다. 젊은 부인은 남편이 훌륭하게 삶을 마무리지을 수 있도록 도와주었다.

그 뒤로 나는 매년 크리스마스 때마다 세상을 떠난 아버지를 대신해 그 집 아들에게 많은 책을 보내주고 있다.

우리에게 세 번째 만남이 찾아왔다. 그녀의 집에서 한 시간 정도 떨어진 곳에서 내 강연회가 있었다. 이번에는 시코쿠에 사는 어머니와 방문간호사, 아들이 다니는 어린이집 원장까지 함께 온다고 했다.

최선을 다해 아들을 키우며 살아가는 그녀의 응원단이 만만치 않음을 알 수 있었다. 나도 그 중 한 사람이다.

모두들 그 가족을 위해 조금이라도 도움이 되고 싶어한다. 다양한 사람들의 1%가 모여 누군가를 평안하게 만든다. 주위의 '1%' 배려로 힘든 삶의 여정을 견뎌낼 수 있게 되는 것이다.

그녀는 사랑으로 아들을 키우며 〈남편과의 시간을 회상하며〉라는 주제로 생명의 소중함에 대한 강연을 다닌다.

네 살짜리 사내아이를 만나기 전에 나는 실로 오랜만에 장난감 가게에 갔다. 그리고 울트라맨을 샀다. 마치 손자가 새로 한 명 생긴 것 같았다.

남편을 먼저 떠나보낸 그녀와 아이를 위해 '1%'라도 무언가를 할 수 있다고 생각하면, 내 마음이 오히려 환해진다.

그녀는 사랑하는 이에게 100%라고 할 수 있는 최고의 의료를 제공했다. 그리고 남편이 앓는 두 개의 암과 싸워가며 1%의 사랑을 더 쏟아부었다. 남편이 원하는 것은 무엇이든 하게 해주었다. 훌륭하지 않은가?

부인의 넘치는 사랑 속에서 남편은 자신에게 주어진 과제인 '감사'의 마음으로 세상을 떠났다. 그리고 남은 가족에게 멋진 과제를 남길 수 있었다.

마지막 파친코는 1%가 안긴 사랑의 힘으로 가능한 일이었다.

또각또각
도마질 소리의 기적

　인간에게는 죽음과 마찬가지로 피하지 못하는 일이 한 가지 있다. 그것은 살아가는 것이다.

　이는 「라임라이트Limelight」라는 영화에서 찰리 채플린이 한 말이다. 과거에는 유명했지만, 지금은 한없이 추락해 술에 절어 사는 한 코미디언이 있다. 그는 자살하려는 젊은 여자 무용수를 우연히 구하게 된다. 자신의 무용을 지원하기 위해 언니가 몸을 팔았다는 사실을 안 그녀는 충격으로 발레를 그만둔 상태였다. 이후 우울증으로 다리가 마비되어 걷지도 못했다.

　자신감을 잃고 좌절하던 젊은 발레리나는 채플린이 연기하는 코미디언에게 빠져들고, 그의 보살핌과 격려 속에 재기한다. 하지만 남자는 여자의 부담을 덜어주기 위해 그녀 곁을 떠난다. 몇 년 뒤, 발레리나로 대성공을 거둔 여자는 떠돌이 악사가 된 남자를 만나 자선공연을 한다. 환호와 갈채를 뒤로한 채 남자는 여자가 라임라이트를 받으며 춤추는 동안 숨을 거둔다.

채플린이 전하려 한 것처럼, 인간에게는 피할 수 없는 것이 있다. 그것은 살아가는 일이다. 산다는 것은 참으로 중요하다.

이번 이야기에 등장하는 주인공의 생명은 생활 속에서 풍겨오는 냄새나 소리, 공기에 둘러싸여 빛나기 시작했다. 번뇌에서 벗어나 명상하는 경지에 이르렀다고나 할까? 한적한 시골의 할아버지가 마치 철학자 같은 인상을 풍긴다.

인생을 빛나게 하는 '1% 더'

나는 모든 환자들에게 회복 가능성이 잠재되어 있다고 믿는다. 내일 일은 아무도 알 수 없다. 그러므로 치료를 포기하거나 자신의 삶을 함부로 내던져서는 안 된다.

나에게 외래 진료를 받는 환자 가운데, 간암이 계속 재발되는 속에서도 10년 이상 건강하게 살아가는 분이 있다. 드물지만 그런 일도 분명 존재한다.

전이되었다고 해서 이제 끝이라는 말은 타당하지 않다. 암이 원격 전이distant metastasis(원래 종양이 발생한 곳에서 멀리 떨어져 재발하는 암-옮긴이)를 보이고 있음에도, 암세포가 자연스럽게 줄어든 사례를 여러 차례 경험했다.

감염증에 걸려 백혈구가 늘어나고 면역력이 높아짐으로써 기회가 생긴다. 그래서 어떤 면역학자는 '전이는 치료의 기회'라고 말하기도 했다. 종양의 원래 발생지점에서 암세포가 더 이상 견디지 못하고 다른 곳으로 도망친다. 전이는 위험하지만, 한편으로 재생의 기회이기도 하다.

암치료 중에 '실존적 전환'이 일어나면 신기한 일이 생겨나기도 한다. 사회적 헌신이나 생활태도를 바꾸는 상황이 기회를 만들어낸다.

나는 과거 일본실존심신요법연구회라는 곳에서 이사로 활동했다. 그때 '실존적 전환'이란 것에 관심을 가지게 되었다. 그 후 '삶의 의미'를 발견하는 일은 의료 가운데에서도 매우 중요한 기술이라는 생각을 하게 되었다.

나는 다른 병원에서 "이제 더 이상 할 것이 없습니다"라고 차갑게 통보받은 환자와 삶의 의미, 보람, 목표를 찾아가며 '1% 더' 매진하는 의료를 실천하고 있다. 어떤 경우에도 포기하지 않으려 노력한다.

인간의 삶이란 정말 대단하다. 지금까지 나는 수많은 삶과 죽음에 관여하며 살아왔다.

73세 할아버지가 생각난다. 등이 당긴다며 외래로 나를 찾아왔다.

혈액 검사와 초음파 검사, CT 검사를 했다. 후복막에서 종양이 발견되었다. 췌장암이었다. 이미 임파선에도 전이되어 있었다. 그는 서서히 체중이 줄어들었다.

환자 본인 및 상냥했던 부인과 몇 번이나 치료법에 대해 이야기를 나누었다. 나중에는 도쿄에 거주하던 아들도 참여했다. 할아버지는 이렇게 말했다.

"이제 됐어요. 수술은 하고 싶지 않아요. 항암제에 조금이나마 기대할 부분이 있다면, 고통스럽지 않은 범위에서 한 번쯤 시도해 보는 건 괜찮습니다."

이것이 할아버지의 결론이었다. 갈 길을 스스로 정한 것이다. 부인과 아들 역시 그 의견에 찬성이었다.

'만일 내가 그 분의 입장이라면 그런 선택을 할 수 있을까?'라는 생각이 잠시 들었다. 나는 "최선을 다하겠습니다"라고 말하며 논의를 마무리지었다.

항암제가 약간의 효과를 보여 통증이 멈추고, 검사 결과도 조금이나마 개선되었다. 그동안 먹지 못했던 식사도 조금씩 할 수 있게 되었다.

부인은 할아버지를 정성껏 돌보았다. 아들도 주말마다 도쿄에서 왔다. 그렇게 하여 퇴원할 수 있을 정도가 되었다. 모두 얼마나 기뻐했는지 모른다.

하지만 3개월 정도 지나자 다시 밥을 먹지 못하게 되었다. 에코체크echo check(수신된 데이터를 송신측에 돌려보내 본래의 데이터와 비교함으로써 자료 전송의 정확도를 검사하는 일-옮긴이)를 해보니 종양이 커지고 있었다. 결국 할아버지는 병원에 다시 입원했다. 간으로도 전이가 진행되고 있었다.

할아버지는 자신의 희망에 따라 완화치료 병동으로 입원했다. 그는 '이 정도면 충분히 살았다'고 생각했다. 자신의 인생을 100% 살았다고 생각했다. 그래서인지 주어진 모든 상황을 받아들였다.

100을 101로 만드는 1%에 대해 그때는 전혀 생각지 못했다.

위중한 상황인 것은 틀림없었다. 완치될 가능성이 전혀 없었다. 피크엔드 법칙이 내 머릿속에서 맴돌았다.

할아버지에 대한 완화치료가 시작되었다. 통증이 줄어들자 그의 얼굴에는 다시 미소가 어렸다. 하지만 밥을 먹을 수는 없었다.

"냄새만 맡아도 음식을 못 먹겠어요."

그런 와중에도 우리 병원의 특별메뉴인 냉딸기와 냉레몬은 여전히 좋아했다.

어느 날 할아버지가 말했다.

"그런데요, 딱 한 번만이라도 밥을 먹고 싶네요."

옆에 있던 부인이 조용히 고개를 끄덕였다.

"선생님, 외출을 한 번만 허락해 주세요. 기분전환을 하고 싶어요."

상황이 위중했지만, 또 뚜렷한 근거는 없지만, 그래도 좋지 않을까 하는 생각이 들었다. 나는 "찬성, 찬성"이라고 말하며 맞장구를 쳐주었다. 부인이 활짝 웃으며 좋아했다.

다음날 아들이 바로 휴가를 내고 달려왔다. 그리하여 그는 점심 무렵부터 한나절 동안 집에 머무르다 저녁 7시경 복귀했다.

병실로 찾아가니 할아버지가 미소를 지으며 말했다.

"선생님, 또각또각 소리가 참 좋았어요."

"또각또각이라뇨?"

"집에서 늘 앉던 자리를 차지하고는 석양이 지는 모습을 바라보았어요. 선생님, 해가 지는 모습은 언제 봐도 아름답지 않던가요? 온통 눈길을 빼앗겼지요. 아마도 그렇게 정원의 모습을 보는 것도 이번이 마지막 아닐까 하는 생각이 들었습니다. 그때였어요. 부엌에서 또각또각 소리가 들려오는 거예요. 바로 아내의 도마질 소리였습니다. 그 소리를 몇십 년은 들었을 텐데, 한 번도 의식한 적이 없었어요. 집사람도 마찬가지일 겁니다."

옆에 있던 부인이 머리를 끄덕이며 말했다.

"맞아요. 전혀 의식하지 못했죠. 하지만 남편이 집에 돌아와 기뻤고, 저도 모르게 마음이 설렜답니다."

나는 그 마음이 충분히 이해되었다. 기쁠 때도 또각또각, 슬플 때도 또각또각, 화가 날 때도 또각또각……. 한평생 그 일을 반복해 왔을 것이다.

식사 준비를 하며 기쁨은 더 커지고 슬픔은 조금이라도 줄어들게, 화는 조금이라도 잦아들게 또각또각 칼질을 해왔던 건 아닐까?

할아버지가 말을 이었다.

"또각또각 도마에 칼질하는 소리를 들으며 그동안의 삶이 행복했다는 생각이 들더군요. '쉬익' 하며 밥이 돼가는 소리도 들려왔어요. 밥냄새까지 얼마나 좋던지요. 그동안 음식 냄새만 맡아도 토할 것 같았는데, 집에서는 달랐어요. 소리랑 냄새가 제 마음을 편안하게 해주었답니다. 그래서 먹을 수가 있었어요. 비록 반 공기도 안 되는 양이었지만, 정말 맛있게 먹었습니다. 이제 아무 미련이 없어요."

부인과 아들은 그 이야기를 들으며 조용히 눈물을 흘렸다.

할아버지는 그 순간 참으로 소중한 삶을 누리고 있었다.

어쩌면 죽음이 바로 옆에 다가와 있는지도 모른다. 하지만 그런 것은 상관없었다.

지금 살아 있다고 느끼는 것, 그것이 중요하다.

인간에게는 피하지 못하는 것이 있다. 그것은 살아가는 일이다.

아플 때도, 절망스러울 때도, 기쁠 때도 1% 더 정성을 기울이며 살아가야 한다. 100을 넘어 1% 더 힘을 쏟는 것이다. 그래야 인생은 한 층 빛이 난다.

나는 '1% 더'에서 인간의 진정한 이야기가 탄생된다는 사실을 배웠다.

제2장

'단 1%'로 구원받는 순간

어떤 상황에서도 무의미한 것은 없다. 1%만 관점을 바꾸면 의미가 보인다.
인생을 의미 있게 만드는 일은 자기 자신 안에 답이 있다.

———

'1%씩' 슬픔의 옷을 벗어가는 사람들

:

우리는 모두 시궁창 속에서 살고 있다. 그러나 그곳에서 별을 바라보는 사람이 있다.

시인 오스카 와일드Oscar Wilde의 말이다.

인생이란 결코 아름답기만 한 것이 아니다. 때로는 절망 속에서, 때로는 슬픔 속에서, 때로는 더러운 시궁창 속에서 뒹구는 것이 인생이다.

철석같이 믿던 사람에게 상처를 받고, 자신을 지켜주리라 태생적으로 믿을 수밖에 없는 부모에게 학대를 당하거나 버림받는 일이 생겨난다. 또 질병으로 사랑하는 사람을 잃기도 한다. 때때로 자연재

해를 당함으로써 처참한 지경에 빠지는 사람들도 생겨난다. 어디 그뿐인가? 자기 스스로를 용서하지 못할 때도 있다. 인생이란 짐이 한없이 무겁게 느껴지는 일도 비일비재하다.

그렇게 보면 인생은 부조리하다. 어떻게 해볼 수 없는 경우들이 수두룩하다.

하지만 그런 와중에도 나는 별을 바라보는 사람이 되고 싶었다.

위로하며 위로받는 삶

2011년 3월 11일 오후 2시 46분, 동일본에서 대지진이 발생했다. 그로 인해 네 명의 가족을 잃은 젊은 엄마가 있는데, 바로 사오리 씨이다.

당일 오후 2시 59분, 직장에 출근해 있던 그녀는 아들 마사토를 돌봐주던 친정어머니의 문자 메시지를 받았다.

"마사토는 무사하다. 너는 어때?"

하지만 재해지역에 있던 어머니와 그것을 마지막으로 통신불능 상태가 되고 말았다. 마사토는 생후 8개월로, 맞벌이 상태였던 사오리 씨를 위해 친정에서 육아를 맡아주고 있었다.

'보고 싶다. 내 품에 안아보고 싶다. 한 번만이라도 아기 얼굴을 쓰

다듬고 싶어. 이제 나는 어떻게 해야 되지?'

이것이 사건 발생 후 지속되어 온 사오리 씨의 마음이었다. 아이를 잃은 어머니의 마음이야 어찌 말로 표현할 수 있겠는가?

아버지와 할머니의 시신은 발견되었지만, 아들 마사토와 친정어머니는 행방불명 상태가 계속되었다. 엄청난 절망감과 슬픔이 그녀의 마음을 휘저었다. 한꺼번에 소중한 가족을 네 명이나 잃었다. 게다가 두 명은 시신도 찾지 못했다. 제대로 된 이별조차 하지 못한 것이다.

당시 동일본 대지진의 참상을 텔레비전으로 지켜보던 또 한 명의 어머니가 있었다. 그 분의 이름은 지즈 씨이다.

"텔레비전에 나오는 영상이 그날의 내 모습과 겹쳐져 눈물이 멈추지 않았어요. 머나먼 곳에서 일어난 참담한 현실이었죠. 내가 무엇을 할 수 있을까, 며칠 동안 오직 그것만 생각했습니다."

그녀는 16년 전 겪은 자신의 슬픔을 돌아보며 마음을 가누지 못했다. 그리하여 결국 상담치료를 다시 받기 시작했다. 1995년 1월 17일 일본 간사이 지역에서 벌어진 한신·아와지 대지진으로 태어난 지 1년 6개월 된 아들 쇼를 잃었던 것이다.

"'왜 내 아들이어야 했지? 내가 무슨 잘못을 했기에 자식을 잃어야 했던 걸까?' 하는 생각이 끊이질 않았어요. 그저 바람이 되고 싶었습니다. 그러면 어딘가로 날아가 아들을 만날 수 있지 않을까요?"

오랜 시간이 지났지만, 아들을 잃은 그녀의 상처는 조금도 치유되지 못한 상태였다. 지즈 씨는 인터넷 블로그에 그러한 자신의 마음을 꾸준히 적어나갔다.

그러던 어느 날 사오리 씨가 우연히 그 블로그를 보게 되었다. 여전히 괴롭지만, 누군가에게 작은 도움이라도 되길 바라며 지즈 씨가 올린 글이 기적을 일으킨 것이다.

지즈 씨와 사오리 씨는 직접 만났다. 그러자 무언가가 바뀌기 시작했다.

"아들을 잃은 지 20년이 되었지만 여전히 슬픔에서 벗어나지 못한 지즈 씨를 보고, 저 또한 그렇게 살아가지 않을까 하는 절망스러운 생각이 들었어요. 하지만 한편으로, 계속 슬퍼해도 괜찮다는 묘한 안도감을 느낄 수 있었답니다."

지즈 씨는 사오리 씨의 그런 마음을 잘 알았기 때문에 위로문자를 보내거나 전화를 걸곤 했다. 그리고 자신의 쓰라린 경험담을 이야기해 주었다. 덕분에 사오리 씨는 하루하루 살아나갈 힘을 얻었다. 뼈저린 고통을 앞서 겪은 선배가 아직 슬픔에서 헤어나오지 못한 후배에게 손을 내밀어준 것이다. 절망감에 사로잡힌 동병상련의 엄마에게 마음을 나누며 살아가자고 손을 내밀어준 것이다. 누군가를 위로

함으로써 지즈 씨의 슬픔 또한 조금이나마 줄어들었다.

절망 속에서도 별을 바라보는 사람

두 사람은 지진이 앗아간 아들들을 추억하는 내용의 그림책을 만들기로 했다. 그녀들을 응원하는 사람들이 모여들었다. 나도 그 중 한 명이었다.

그림책 작업은 두 사람의 상처를 조금씩 치유하기 시작했다. 그러한 사연이 NHK의 아침방송 〈아사이치〉에 소개되었다. 가족을 잃은 슬픔 속에서 살아가는 수많은 사람들에게 그녀들의 그림책은 구원의 손길로 작용했다.

지즈 씨에게는 죽은 아들과 쌍둥이로 태어난 '유'라는 여동생이 있었다. 유는 건강하게 잘 자랐다. 지즈 씨는 자신의 아픈 마음을 이렇게 표현했다.

"살아남아준 유가 얼마나 소중한지 머리로는 잘 알고 있어요. 하지만 쇼를 잃은 슬픔이 늘 너무 컸죠. 나는 진심으로 '유'의 손을 잡고 함께 걷지 못했어요."

유가 그런 엄마의 마음을 본능적으로 느낀다는 사실은 잘 알고 있었다. 그러나 뱃속부터 함께 자란 쌍둥이 오빠를 생각하며 슬픔에 잠긴 유의 마음에는 다가설 수 없었다. 그 점에 관해 지즈 씨가 솔직하게 말한 것이다.

그러자 사오리 씨가 말했다.

"저는 약간 달랐던 것 같아요. 새로 태어난 딸 생각으로 머리가 꽉 차 있을 때조차, 세상을 떠난 마사토에게 죄를 짓고 있다는 생각이 저를 짓눌렀어요."

상처 입은 마음은 사람마다 모양이 다르고 매우 복잡하기까지 하다.

사오리 씨는 마사토가 죽은 이듬해에 딸 아카리를 출산했다. 딸의 탄생에 그녀는 무척 기뻐했다. 그러나 새로운 생명이 태어났다고 해서 아들을 잊을 수 있는 건 아니었다.

사오리 씨는 두 아이에 대한 생각으로 언제나 머릿속이 복잡했다. 하지만 가끔은 그 균형을 무너뜨리고 갓 태어난 딸을 중심으로 생활하는 경우가 있었다. 그럴 때면 죽은 아들에 대한 미안함이 밀물처럼 몰려들었다. 그야말로 자기 스스로 스트레스를 받는 것이다. 나는 아이를 잃은 엄마의 마음이 그렇게나 복잡미묘하다는 사실을 새삼 깨닫게 되었다.

드디어 그림책이 완성되었다. 제목은 『따사로운 빛에 둘러싸여』였다.

그녀들의 부탁을 받고 나는 그림책에 짤막한 응원의 글을 썼다.

쇼와 마사토에게

너희 엄마들께서 힘을 합쳐 근사한 그림책을 만드셨구나.

두 분 다 너희를 잊지 않고 계시단다.

이 그림책 속에서 너희는 영원할 거야.

하늘나라에서 두 분 엄마와

동생 유, 그리고 아카리를 잘 지켜봐다오.

이 따뜻한 그림책이 분명 슬픔에 잠긴 사람들,

외로운 사람들의 마음을 응원해 줄거야.

근사한 그림책으로 만날 수 있어서 무척 기쁘다.

2013년 겨울 가마타 미노루

절망 속에서 빛나는 두 개의 별, 세상을 떠난 아이들의 별을 찾고 있는 어머니들을 떠올리며 이 글을 썼다. 절망 속에서 빛나는 별을 찾으려 한 그녀들에게 나는 소중한 가르침을 얻었다.

인생은 만남과 헤어짐의 연속이다. 헤어짐과 슬픔을 온몸으로 표현해도 된다. 드디어 만났다는 기쁨에 환호성을 질러도 된다. 싫은 게 있으면 좋은 것도 있게 마련이다. 인생은 파도와 같다.

인생이 심술을 부릴 때도 있다. 누구도 의도치 않은 일이 생겨나기도 한다. 몇 가지 우연이 겹쳐 나쁜 일로 이어지는 경우도 있다. 그래서 인생을 각본 없는 드라마라고 하지 않는가?

이때 누군가의 음모나 질투로 보지 않고 그저 인생이 심술을 부리는 중이라고 생각하면 마음이 조금 편안해진다. 인생이 심술을 부리더라도 절망의 구렁텅이에서 별을 보도록 노력하자.

고통의 끄트머리에는 담담한 평화의 1%가 기다리고 있다. 무거운 슬픔에 짓눌리면 단숨에 벗어나기는 어렵다. 1%씩 슬픔의 옷을 벗겨나가는 수밖에 없다.

절망이 깊을 때는 벗고 또 벗어도 슬픔이 끝나지 않을 때가 있다. 그래도 포기하지 말자. 슬픔의 옷을 모조리 벗어던지고 알몸이 되면 된다. 태어났을 때의 모습으로 돌아가면 인생을 다시 시작할 수 있다.

슬픔의 옷 벗기를 두려워하지 말자.

시간이 걸려도 상관없다.

천천히, 아주 천천히 나아가면 된다.

끊고 버리고 떠나라

물건 정리의 요체를 알려주는 '단사리斷捨離(끊고 버리고 떠나라는 뜻—옮긴이)'가 크게 유행하고 있다. 물건뿐만이 아니다. 신변을 정리하고, 쓸데없는 집착을 버리고, 진정한 자유를 누리자는 뜻이 담겨 있다.

단사리를 생각하며 장소, 물건, 사람, 지위에 대한 집착을 버림으로써 나에게 정말 필요한 것이 무엇인지 조금이나마 알게 되었다.
두 살이 되기 직전, 어떤 이유인지는 모르겠지만 나는 부모님에게 버림받았다. 즉, 두 분에 의해 단사리되었다. 따라서 내 인생은 단사리에서 시작되었다고 할 수 있을 것이다.

내가 의식적으로 맨처음 단사리한 것은 무엇일까? 그건 바로 도쿄였다. 놀기를 워낙 좋아해 도쿄에 있으면 무슨 짓을 저지를지 알 수 없었다. 나는 내가 무서웠다. 그래서 도쿄를 단사리하고 지방으로 내려갔다. 그곳이 나가노 현의 스와 중앙병원이었다.

55세가 되자 이번에는 근무하던 병원을 그만두었다. 다니던 병원을 단사리함으로써 이라크나 팔레스타인 같은 위험한 지역으로 자유롭게 갈 수 있었다.

이처럼 나는 아주 작은 '1%의 단사리'를 마음 한쪽에 늘 준비하며 살아왔다.

1%의 단사리가 필요한 시대

가끔 종이에 짤막한 글을 써달라고 부탁받을 때가 있다. 나는 그런 일을 별로 좋아하지 않는다. 그러나 어떤 부탁이든 쉽게 거절하지 못한다. 또한 일단 하기로 했으면 즐거운 마음으로 그 일을 한다. 이왕 할 바에야 기분 좋게 하는 게 서로 좋지 않겠는가? 약하면서도 강한 구석이 있다고나 할까?

무절조.

그렇다. 내게는 절조가 없다. 제멋대로 유파다.

그러니 일정한 틀이 없다. 만변자재하다.

짤막한 글을 쓸 때 나에게는 몇 가지 형식이 있다. 당시의 분위기와 기분을 담아 그날의 글귀를 정한다. 대체로 '생긴 대로 살자' 같은 문장을 쓰는 경우가 많다.

어쭙잖게 허세를 부리며 살아가려면 상당한 체력과 기력이 필요하다. 하지만 나는 '이래야만 돼'라고 생각하며 살아가는 건 질색이다. 일정하게 규정된 틀 자체가 싫다. 그 틀에 맞춰 사는 건 생각만 해도 답답하다.

틀이 갖춰진 곳에서 살아가려 해도, 나 같은 사람은 그 틀을 깨뜨리지 않고는 견디지 못하는 성격이다. 그러니 이 또한 어려운 일이다.

그러나 틀이 전혀 없는 세계에서 살아가는 것 역시 대단히 어려운 일이다. 답답하지 않으면서 느슨한 테두리 안에서 자유롭게 살 수 있다면, 그것이 가장 즐거운 삶 아닐까? 결국 나는 틀 안에서 헤엄도 치고, 그 틀을 부수기도 하며 생긴 대로 살아왔다.

그런데 때때로 일체의 틀에서 벗어난 채 살아가는 사람들이 있다. 단사리의 명인이라고 할 수 있겠다. 나는 그런 사람과 실제로 만나는 행운을 얻었다.

그것은 후카미 데루아키 씨와의 인연을 통해 시작되었다. 10년 전 그는 양아버지 이름을 따서 지은 '이와지로 소옥小屋'으로 나를 찾아왔다.

"「암 서포트」라는 일반인 대상의 암 전문지를 창간하려고 합니다. 그런데 자본이 넉넉지 못합니다. 도와주십시오."

당시 일본에는 몇 종류의 암 전문지가 있었다. 하지만 경영이 어렵자 대부분 약효도 없는 버섯 등의 건강보조식품을 기사화하거나 광고를 실었다. 후카미 씨는 그런 홍보성 기사는 절대로 싣지 않겠다는 신념을 내게 피력했다.

나는 그 취지에 찬성하며 흔쾌히 돕기로 했다. 그리고 10년 동안 매호 권두대담 지면을 마련하는 데 힘을 보탰다. 옳은 길을 가는 후카미 씨에 대한 우정의 표시였다.

암 전문지들이 대부분 폐간되었지만, 「암 서포트」는 10년 넘게 살아남았다. 그런데 후카미 씨가 그만 맹장암에 걸리고 말았다.

작고하기 열흘 전, 그는 나를 사무실로 불렀다. 그동안 감사했다는 말을 건네더니, 잡지사에서 일반인들을 대상으로 공모하는 '암투병기 후카미 상'의 선정위원장을 맡아달라고 했다. 이는 그가 꼭 이루고자 했던 꿈 가운데 하나로, 잡지사의 주요 사업에 속했다. 나는 그 부탁을 받아들였다.

진정한 단사리 대상은 마음의 집착

'암투병기 후카미 상'의 공모작 가운데 우수상으로 선정된 아리히사 소노코 씨(63세)가 나에게 편지를 보내왔다. 서투른 글솜씨였지만, 진심이 담겨 있었다.

소노코 씨는 스스로를 지적 장애인이라고 말한다. 가정사도 매우 복잡하다. 지금은 정부가 제공하는 시설에서 생활하고 있다. 참으로 고단한 인생길을 걸어온 인물이다.

그녀는 2001년 유방암 판정을 받고 오른쪽 유방을 절제하는 수술을 했다.

선생님, 그저 감사드릴 뿐입니다.

너무너무 기쁩니다.

모든 암환자들께 마음을 다해 응원의 말씀 드립니다.

저로서는 유방암에 걸린 게 오히려 다행이라는 생각도 듭니다.

덕분에 하루하루를 소중하게 보낼 수 있게 되었으니까요.

또한 무엇을 듣든, 무엇을 보든 감동할 수 있게 되었습니다.

유방암에 걸림으로써 마음이 강해졌습니다.

어려움 속에서 용기를 보여줄 수 있었습니다.

편지에는 "의료비 가운데 30%의 돌봄비용을 직접 충당하고 있습니다"라고 쓰여 있었다. 소노코 씨는 장애인이었지만 주변에 신세만 지려고 하지 않았다. 자신의 능력이 되는 만큼 감당하려 했다. 그것은 주위 사람들에 대한 친절로도 나타났다.

현재 소노코 씨가 머무르는 시설에는 일회용 기저귀의 앞뒤도 못 가리는 이가 있는데, 그녀를 위해 기저귀 앞쪽에 매직펜으로 그림을 그려 놓는다고 한다. 그 작업이 자신에게 '아트 테라피'가 된다고 수기에 쓰여 있다.

이는 암 투병시 활용할 수 있는 한 가지 팁을 제안한다. 지적 장애인인 데다 암환자이니 주변 사람들에게 모든 걸 의탁해야 한다고 단정해 버리는 사람에 비해, 다소 힘이 들더라도 어려움을 겪는 다른 사람에게 도움의 손길을 내밀 때 삶의 의미를 찾을 수 있다는 사실이다.

소노코 씨는 이 점에 대해 "옆사람을 돕는 일이 너무나 즐거워요. 그 양반 웃는 얼굴이 얼마나 예쁘다구요"라고 표현했다. 이런 감성이야말로 정말 근사하지 않은가?

유방암에 걸리고 나서는 하루하루가 반짝반짝 빛납니다.

하루하루가 무척이나 소중합니다.

그리고, 사람들이 베풀어주는 호의가 고맙기만 합니다.

암이 내 생명을 구해주었습니다.

수기에 등장하는 이 부분은 대단히 순수하게 느껴진다.

한편, 의사가 어려운 병명을 이야기했지만 지적 장애를 겪는 자신으로서는 알아들을 수가 없었다고 한다.

하지만 그런 저를 절대로 바보라고 생각하지 않아요.

지적 장애라는 이름의 훌륭한 개성을 갖고 있는 것 아닐까요?

그렇게 생각하면 무척 즐겁습니다.

'지적 장애라는 이름의 개성'이라고 표현하다니 정말 대단하지 않은가? 그녀는 있는 그대로를 기꺼이 받아들이고 있다.

작년 가을 소노코 씨의 위장에서 용종 여덟 개가 발견되었다. 두 개를 적출해 검사한 결과 양성이었다고 한다. 그녀는 여덟 개의 용종에 하츠코(첫째), 쓰기코(둘째), 미코(셋째), 요시코(넷째), ……요오코(여덟째)라고 차례로 이름을 붙여주었다.

저는 예전에 용종들끼리 쓰는 말이 따로 있으며, 그것들이 위장이라는 집에서 야단법석을 떨며 나에 대해 평가하는 건 아닐까 하는 생각이 자꾸 들었어요.

그렇게 생각하면 즐겁습니다.

여덟 개의 용종들이 그들만의 언어를 사용하며 야단법석을 떨고 있다니, 생각만 해도 유쾌하다.

소노코 씨는 마지막에 이렇게 썼다.

장수하는 모습을 보여드릴게요.

나의 꿈 끝.

나는 인생을 유쾌하게 받아들이는 것이 투병에서 무엇보다 중요하다고 생각한다.

그런 의미에서 소노코 씨의 적극적인 사고방식은 무척 인상적이었다. 유려하지 못하고 뒤죽박죽인 투병기였지만, 그녀만의 매력적인 글쓰기에 나는 감동했다.

그 뒤의 편지에 따르면, 내시경을 했더니 용종이 더 늘어나 삼십 개 이상이라고 했다.

용종들이 즐거운 우리집이라며 법석을 떨고 있겠죠.

좁은 데서 뒤엉켜 자는 그 녀석들이 나를 응원해 주지 않을까요?

선생님, 너무너무 감사합니다.

그녀는 언제나 감사의 말을 잊지 않는다.

용종이 여덟 개에서 삼십 개로 늘어났지만, 그것들 하나하나에 감사하는 마음가짐이 오히려 용종을 이겼다는 생각이 들었다. 내가 늘 주장해 온 '분투하지 않는 생활방식'과 '집착하지 않는 생활방식'조차 아직 제대로 된 것이 아니라는 생각마저 들었다.

나는 대학이라는 조직에서 젊은 시절 떠나왔다. 55세에는 병원이라는 조직에서도 떠나왔다. 그런데도 아직 진정한 자유를 누리지 못하고 있다는 생각이 든다. 인생의 마지막 코너를 돌아가면서 나는 고뇌하고 있다.

반면에 소노코 씨의 어깨는 힘이 빠져 있다. 무심의 경지에 들어선 듯 보인다.

한편으로, 융통성이 없고 완고한 후카미 데루아키 씨와 10년이나 함께 일할 수 있어 참 좋았다. 내 역할은 1%다. 정말 조금이다. 그 정도밖에 안 돼 미안하게 생각하면서도, 그의 꿈을 1% 응원할 수 있었던 것에 감사드린다.

그의 숙제를 받아들임으로써 무심하게 살아갈 수 있는 삶의 힌트를 얻었다. 사람과 사람의 만남이야말로 참으로 재미있구나, 하는 생각이 든다.

마음의 집착을 버리는 것도 단사리 가운데 하나이다. 그런데 집착을 일으키는 대상은 주로 사회적 지위와 인간관계이다. 그렇다면 물건의 정리도 중요하지만, 사회적 지위나 인간관계의 단사리가 더 중요하지 않을까?

우리를 옭아매는 온갖 속박을 잘라내자. 진정으로 말하고 싶은 것을 말하고, 하고 싶은 것을 할 수 있는 사람이 되고 싶다.

상대방의 입장에서
세상 바라보기

누군가를 내 편으로 만들고 싶으면 내가 먼저 그 사람 편이 되어본다. 가급적 자주 다른 사람 입장에 서보자고 마음먹는다.

누구나 곤란한 지경에 빠지면 무의식중에 '나를 지켜줘' '나를 지켜줄 내 편이 필요해'라고 생각하는 법이다. 인간은 허약한 동물이기 때문에 자신을 이해해주고 응원해줄 사람을 원하게 된다. 특히 약해져 있을 때 그런 경향이 쉽게 나타난다.

그러나 어려운 상황에서도 다시 일어나 앞을 향해 걸어가는 사람이 있다. 나는 그런 두 소녀를 만났다.

자기 존재의 의미를 찾아낸 사람은 사업에 실패해도, 인생에 실패해도, 심각한 병에 걸려도, 죽음의 심연 가까이 다가가도 결코 정체성을 잃지 않는다. 다른 사람에게 도움이 된다고 느끼는 순간, 자신의 존재 의미를 깨닫게 되므로 인간은 좀 더 강해진다.

존재만으로 힘이 되는 사람

'나를 지켜줘'가 아니라, '내가 너를 지켜줄게'를 먼저 실천한 소녀가 있다. 자이나브라는 예쁜 이름을 갖고 있는데, 백혈병에 걸린 지 약 5년쯤 되었다.

내가 대표로 있는 '일본이라크 의료지원 네트워크JIM-NET'는 이라크 바스라에 살고 있는 자이나브의 치료를 계속 지원했다. 그 아이의 백혈병은 거의 관해상태Remission(일시적이건 영속적이건 자타각적 증상이 감소한 상태-옮긴이)였다. 그렇지만 재발에 대한 불안감은 늘 존재했다.

그 아이의 집은 가난했다. 하지만 머리가 좋고 아름다운 소녀였다. 그림을 잘 그렸으며, 가난하게 생활해서인지 눈치가 빨랐다.

우리는 여러 차례 자이나브와 대화를 나누었다. 병원에서 함께 일하며 백혈병에 걸린 아이들의 버팀목 역할을 해주지 않겠느냐고 제안한 것이다. 즉, 병원에 설립한 원내 교실의 보조교사로 일해 달라고 요청했다.

병원에서 일하면, 혹시 병이 재발해도 조기에 발견할 수 있는 장점이 있었다. 어려운 형편 때문에, 몸이 좀 나아졌다 싶으면 완전히 병원을 멀리할까 봐 걱정되었다. 자칫 치명적인 상황을 초래할 수도 있었다. 우리는 병원에 올 차비조차 마련하기 어려운 그 아이를 지키기 위해 서로에게 최선책이라며 설득에 나섰다.

"제가 아픈 아이들의 선생님이 될 수 있을까요? 아무래도 자신이 없어요."

자이나브는 교사가 되기 위한 훈련을 받은 적이 없었다. 그뿐인가? 집안형편 때문에 변변한 기초교육조차 제대로 받지 못했다. 그러므로 그녀가 불안을 느끼는 건 당연한 일이었다.

그러나 우리 생각은 달랐다. 그 아이가 병동에 있어주는 것만으로도 의미 있는 일이라고 생각했다.

이라크에서는 백혈병에 걸리면 무조건 죽는다고 생각했다. 이라크에는 원내 교실이라는 제도가 없었다. 우리는 돈을 모아 수학을 가르치던 이브라힘을 선생님으로 처음 고용했다.

그 역시 아내를 백혈병으로 떠나보내고 힘들어하던 시기였다. 백혈병 병동에서 일하다 보면 그를 짓누르는 슬픔에서 차츰 벗어날 수 있으리라 생각했다. 그는 온 힘을 다해 투병 중인 아이들을 도왔다.

그리하여 결국 우울증을 극복했다.

이브라힘은 전쟁터로 변해 위험지역에 살고 있는 아이들까지 직접 병원으로 데려왔다. 혹시라도 부모가 반대할 경우 집으로 찾아가 담판을 지었다.

눈물이 많은 그는 아이를 입원시키게 해달라고 눈물로 호소하곤 했다. 자신의 아내가 백혈병으로 세상을 떠난 이야기를 하며, 그것이 얼마나 큰 슬픔인지를 생생히 전달했다. 상황을 잘 모르던 부모님들은 그의 이야기를 듣고 대부분 한발 물러섰다. 이브라힘이 이라크의 많은 아이들을 구한 셈이었다.

그런 우여곡절 끝에 환자로서 입퇴원을 반복하던 자이나브가 이브라힘의 보조교사가 되었다. 그러자 병동의 공기가 확 바뀌었다.

어머니들의 눈빛 또한 변했다. 자기 아이도 살아남을 수 있다는 희망적인 생각을 하게 된 것이다. 백혈병 병동에 새로운 희망이 번져갔다.

아이들이 햇병아리 교사인 자이나브 주위로 몰려들었다. 아이들의 아이돌이라고나 할까?

자이나브 역시 그런 아이들에게서 살아갈 힘을 얻었다. 아이들에게도 이런 과정을 통해 치료만 제대로 받으면 건강해질 수 있다는 자신감을 부여했다. 그리하여 살아 있는 것만도 다행이라고 생각하던 아이들에게, 병을 극복하면 새로운 직업이 생기고 남에게 도움을 주는 존재가 될 수 있음을 상징처럼 보여주었다.

'단 1%'에서 시작된 새로운 세상

새내기 교사인 자이나브는 그곳에 실제로도 많은 도움을 주었다.

누군가에게 준 1%.

누군가에게 받은 1%.

겨우 1%가 오갔을 뿐인데, 피가 통하고 새로운 이야기가 시작되었다. 18세의 자이나브 선생님은 병원 공기를 완전히 바꾸었다.

바스라의 소아백혈병 센터는 급성 림프구성 백혈병의 초기치료 사망률을 4.4%까지 낮추었다.

당시 이라크에서는 30일 이상 결석하면 진급이 어려웠다. 우리는 원내 교실에서의 활동이 수업일수에 포함되도록 이라크 정부를 설득했다. 또한 암환자의 휴학기간을 유예받을 수 있게 되었다. 결국 원내 교실에서 공부하는 백혈병 병동 아이들 전체가 진급하게 되었다.

어느 날 환자와 그 가족, 의료진, 그들을 돕는 JIM-NET의 스태프들이 나들이 계획을 세웠다. 이라크에서 처음 있는 일이었다. 백혈병 병동 아이들을 포함, 무려 120명이 단체로 소풍을 간 것이다. 모두들 아주 조금씩 상대방의 입장에 선 결과물이었다. 1%면 된다.

 자기 아이만 생각하던 어머니들이 병으로 고생하는 다른 아이들에게 도움의 손길을 내밀기 시작했다. 인간이 본질적으로 갖고 태어난 상부상조의 정신이 이라크 사람들을 바꾸었는지도 모른다. 그러자 신기한 일이 벌어졌다. 치료 효과가 개선된 것이다.

 10년 전 소아의 급성 림프구성 백혈병의 5년 생존율이 30% 정도였는데, JIM-NET에서 10년 동안 지원한 결과 약 60%로 개선되었다. 대단한 성과가 아닐 수 없었다.

 연간 약 1억 5천만 엔에 해당하는 약과 의료기기를 이라크에 보냈다. 많은 선생님들이 테러 단체의 위협에 못 이겨 그곳을 떠나려 했다. 하지만 우리가 지원하자 계속 이라크에 남아 아픈 아이들을 돕겠다고 했다.

 누군가 아주 작은 손길이라도 내밀면, 도움을 받은 사람은 온 힘을 다해 더 어려운 사람들에게 손을 내밀게 된다. 소소한 응원은 사람들의 마음을 바꾸고, 순식간에 연쇄반응을 불러일으킨다.

 이라크 바스라에서 사브린이라는 15세 여자아이를 만났다. 우리의 지원으로 5년 동안 극도로 힘든 상황에서 수술과 방사선 치료 등을 받았다. 눈에서 시작된 암이 몸 전체로 전이되었다. 결국 두 눈 모두 시력을 잃게 되었다. 그 아이는 죽어가면서 이런 말을 남겼다.

저는 이제 죽습니다.

그렇지만, 행복했답니다.

우리집은 가난해서 학교에 갈 수가 없었어요.

눈에 암이 생긴 저는 바스라의 소아병원에 입원하게 되었지요. 그곳에서 가마타 선생님 등이 만든 원내 교실을 알게 되었고, 이브라힘 선생님을 만났습니다.

저는 태어나서 처음으로 공부란 걸 했습니다. 공부가 얼마나 근사한 것인지 알게 되었지요. 그림 그리기를 배웠는데, 순식간에 그림을 그리는 것이 좋아졌어요.

제 그림은 칭찬을 받았고, 일본으로도 건너갔습니다. 제 그림이 초콜릿 상자에 인쇄되어 일본인들이 그것을 사면, 그 수익금이 병에 걸린 아이들을 위한 약이 되어 이라크로 온다고 하더군요.

저는 죽지만, 이라크의 아픈 아이들을 도울 수 있어 기쁩니다.

여러분 모두에게 감사드립니다.

사브린은 극심한 고통 속에서도, 병에 걸린 다른 아이들을 도울 수 있어 기쁘다며 환한 미소를 지었다.

누구든 마음을 조금만 바꾸면 다른 누군가를 위해 살아갈 수 있다. 다른 사람을 위하다 보면 신기하게 사는 것이 즐거워진다. 누군가에게 도움을 준다고 생각하면 '죽음'조차 뛰어넘을 수 있을 것 같은 기분이 든다.

  자이나브는 백혈병 소녀에서 아름다운 원내 교실 교사로 성장했다. 어렵게 살아가는 백혈병 아이들을 돌봄으로써 자신의 삶의 의미를 발견한 것이다. 그녀는 이제 매우 훌륭한 어른이 되었다. 강인하면서도 따뜻하고, 누구에게나 상냥하다.

  이런 식으로 따뜻한 피가 통하다 보면, 언젠가는 이라크에서 테러가 사라지지 않을까 하는 기대마저 하게 된다.

  요즘 세상은 너무나 혼란스럽다. 그렇기 때문에 잠시라도 자신을 잊고 누군가를 위해 1% 살아가는 자세가 필요하다.

  두 소녀는 남을 내 편으로 삼은 것이 아니라, 내가 남의 편이 되어 주는 길을 선택했다. 전쟁상태가 계속되고 있는 나라에서 나는 뜻밖에도 소중한 것을 배울 수 있었다.

  인간은 누군가를 위해 살거나, 선뜻 누군가를 위해 무언가를 할 수 있는 존재이다.

슬픔 속에서 발견하는
또 하나의 자기

어떤 상황에서도 무의미한 것은 없다. 1%만 관점을 바꾸면 의미가 보인다. 인생을 의미 있게 만드는 일은 자기 자신 안에 답이 있다.

고난과 죽음은 사람을 무의미한 존재로 만들지 않는다.
고난과 죽음이야말로 인생을 의미 있게 만든다.

'로고테라피'의 창시자이자 2차 세계대전 때 아우슈비츠 수용소에서 살아남은 것으로 유명한 실존분석 정신의학자 빅토르 프랑클 Viktor Emil Frankl이 한 말이다.

나는 지난 40년 동안 나가노 현에서 많은 고난을 목격했다. 특히 호스피스 병동에서 경험한 삶과 죽음은 부지기수이다. 고난과 죽음과 절망 속에서 의미를 찾아낸 사람은 '또 하나의 자기'를 내면에 숨겨두고 있다.

'또 하나의 자기'를 제대로 찾아보자. 틀림없이 더욱 강인해질 것이다. 인간의 삶은 결코 길고 짧음이 중요하지 않다. 얼마나 아름다웠는지가 핵심이다.

슬픔의 풍경 속에 비친 인생의 의미

51세의 백혈병 환자 유리 씨가 우리 병원에 입원했다. 다른 병원에서 항암치료를 받는 도중 재발한 그녀는 자신의 상황이 좋지 않음을 잘 알고 있었다.

유리 씨는 백혈병 치료를 받으면서 틈틈이 자신의 시가집을 마무리하고 싶다는 꿈을 갖고 있었다. 그녀는 이런 시가를 읊기도 했다.

흔들리더라니만 그 가지일 뿐
참새들 날아갔다 다시금 정적

백혈병이라는 통보를 받은 뒤 심리상태가 엿보인다. 살짝 흔들린 뒤 마음에 다시 고요가 찾아온 것일까?

따뜻한 가족과 친구들의 보살핌을 받으며 삶의 마지막 순간까지 그녀는 긍정적인 마음가짐으로 생활했다. 늘 적극적으로 살아가는 유리 씨에게 머리가 숙여진다.

단가短歌는 그녀에게 많은 힘이 되었다. 슬플 때나 절망적인 기분이 들 때마다 1%, 단가가 많은 위로를 해주었다.

백혈병이 재발되어 고통스러웠을 텐데도 그녀는 의연해 보였다. 그런 일이 어떻게 가능할까?

병마와 싸우는 현실의 유리 씨를, 노래를 읊는 또 하나의 유리 씨가 내려다보고 있는 것 아닐까? 이는 심리학에서 자주 사용되는 기법이다. 또 하나의 자기가 실제의 자신을 약간 위쪽에서 객관적으로 관찰하는 것이다.

유리 씨는 단가를 통해 자기 자신을 객관적으로 바라보는 데 성공한 것으로 생각된다. 관점을 바꿈으로써 그녀의 고통과 슬픔의 형태가 조금이나마 달라진 것 아닐까?

슬픔과 괴로움이 가벼워진 것은 결코 아니다. 슬픔과 고통은 엄연히 존재한다. 그러나 또 하나의 자기가 있기에 힘든 상황을 견뎌낼 힘을 지니게 되었을 것이다.

슬픔의 풍경은 시간이 흐르면서 바뀌게 마련이다. 현실을 인정하고 죽음을 받아들이면서도 그녀는 결코 포기하지 않았다. 희망을 버리지 않는 삶의 방식은 얼마나 아름다운가?

"가족이 없었다면 더 이상 항암치료를 안 받았을 거예요. 하지만 남편과 아이들이 희망을 버리지 않는 이상, 저도 끝까지 암과 싸울 겁니다."

재발이 반복되어 정신적으로 매우 힘든 상태였지만, 그녀의 사고는 늘 긍정적이고 적극적이었다.

사람은 자기 자신을 위해서만 싸우는 존재가 아니다. 사랑하는 사람을 위해서는 승산 없는 싸움이라도 기꺼이 감행한다. 인간이란 정말 대단한 존재 아닌가?

그러한 과정에서 그녀는 이렇게 노래했다.

더 이상 못 이기고 툭 떨어질 때

벚꽃의 다음 이야기가 시작된다.

유리 씨가 최후의 싸움을 벌일 즈음, 우리 병원 주변에 벚꽃이 화사하게 피어났다.

그녀의 존재와 꽃잎들은 서로 겹쳐져 있는 듯했다. 꽃 이파리 하나가 떨어진다. 떨어지는 꽃 이파리에서 그녀는 의미를 찾으려 한다. 여기서 '벚꽃'도 '나'도 새로운 인생이 시작된다.

그녀는 마지막 순간까지 인생을 내던지지 않았다. 스스로 자신의 이야기를 만들었다. 간단히 엔딩 처리하지 않았다. 그리고 새로운 막을 열었다.

바람의 모습이 보인다. 색이 보인다.
그럴 땐 아스라이 나도 바람이 된다.

나는 유리 씨의 단가를 읽고 반야심경의 한 구절이 생각났다.
'색즉시공色卽是空 공즉시색空卽是色.'
색즉시공의 '색色'은 리얼한 세계를 말하고 있다. 나는 이 '색'이 자기를 나타내는 것이라고 멋대로 해석한다. 공空은 무無가 아니라 커다란 세계로 연결되어 있다. 유리 씨의 단가에 나오는 '색'은 그녀 자신을, '바람'은 대우주를 나타내는 것으로 느껴진다. 커다란 세계에 연결된 자기 모습이 보였던 것일까? 공이나 바람 모두 커다란 세계이다.

나라는 소우주가 사후 세계까지 포함한 대우주와 연결되어 있다.
나는 우주이고, 우주는 나이다.

언젠가 허튼 마음이나 집착, 번뇌가 사라져 무심으로 화해가는 내 모습을 상상해 본다.

'그럴 땐 아스라이 나도 바람이 된다.'

나도 유리 씨처럼 될 수 있을까?

될 수 있다면 좋겠다.

나에게도 언젠가 죽음이 성큼 다가올 것이다. 그때 커다란 '공空'에 연결된 나 자신을 반드시 느끼게 될 것이다. 나는 그렇게 믿고 있다. 40년 동안 삶과 죽음에 관여해 온, 미처 헤아리기 어려운 수천의 생명과 영혼에 연결되어 있다고 믿는다. 또한 이 세상에 남겨둔 사랑하는 사람과도 연결되어 있다고 믿으며 세상을 떠나갈 것이다.

나는 유리 씨의 단가가 참 좋다. 그녀는 마지막 순간까지 암이나 절망이 자신을 지배하도록 내버려두지 않았다. 누구에게나 마음의 왕국은 자기 것이다. 불안이나 공포에 제압당해서는 안 된다.

가슴이 떨려올 만큼 극심한 슬픔 속에서도 그녀는 남편과 자식들에게 너그러운 마음을 갖게 했다. 그리고 자신의 생명에도 관대했다. 찾아온 고요에 몸을 맡기고, 마지막 삶을 제대로 마무리하고자 했다.

다음은 죽음이 임박했을 때 그녀가 남긴 단가이다.

허허로운 생명을 조용히 끌어안는다.

생명을 윤택하게 하는 하루로구나.

어느덧 마지막 순간이 찾아왔다.

나는 눈시울을 적시며 그녀를 향해 혼잣말처럼 중얼거렸다.

"마지막까지 최선을 다하느라 고생 많았지요? …… 슬프네요."

아름다운 벚꽃 이파리 하나 툭 떨어지듯 유리 씨는 그렇게 숨을 거두었다.

제3장

1%의 메커니즘

괴로울수록, 슬플수록, 잠시 자신의 일을 뒤로하고 온전히 남을 위해 최선을 다해보자.
누군가를 위해 살다 보면, 지금까지 보이지 않았던 길이 나타날 것이다.
슬픔은 상대방의 입장이 됨으로써 치유될 수 있다.

―――

어떤 상황에서도
지지 않고 살아가는 법

극심한 고통으로 터질 듯한 슬픔을 넘어서고 싶다면, 자신을 향한 시선을 조금만 돌려 소중한 누군가를 생각해 보자.

누구나 인생이 생각대로 흘러가지 않을 때가 있다. 그럴 때는 이기지 못할지라도 지지 않으면 된다. 지지 않고 살아가는 길도 있는 것이다.

슬픔은 상대방의 입장이 됨으로써 치유되기도 한다. 다른 사람이 나를 귀하게 여겨주기를 무작정 기다려서는 안 된다. 나부터 다른 사람을 소중히 생각해 보자.

"당신은 나에게 소중한 사람입니다."

"당신에게 늘 감사드리고 있어요."

이런 말을 주변에서 듣는다면 우리는 그 힘으로 세상을 살아갈 수 있다. 자신의 슬픔은 잠깐 옆으로 밀어두고, 누군가를 위하다 보면 새로운 세상이 펼쳐지기 시작한다. 사람은 누구나 사랑을 갈구하는 측면이 있기 때문이다.

시간은 걸릴지 모르지만, 당신에게 따뜻한 친절을 베푸는 사람이 반드시 나타날 것이다. 인생은 그렇게 굴러가도록 되어 있다.

삶의 마지막 순간에도 계속된 사랑

2011년 동일본 대지진 직후부터 후쿠시마 현의 하마도리 쪽으로 다니는 일이 많아졌다. 물론 아이즈와카마쓰 쪽으로도 자주 찾아간다. 후쿠시마 전체가 고통스런 상황임을 한눈에 알아볼 수 있다.

그 즈음 아이즈 지방의 어떤 분이 우리 병원에서 젊은 의사들을 양성해 후쿠시마 현으로 파견해 달라며 연수비 명목으로 많은 돈을 기부했다. 눈에 장애를 지닌 분이었는데, 깜짝 놀랄 정도로 거액이었다.

언젠가는 후쿠시마의 어느 지역에서 강연회 후 책에 사인을 해주고 있는데, 중년여성이 말을 걸어왔다.

"오래된 책이지만, 사인을 받을 수 있을까요? 딸의 책장에 꽂혀 있던 『분투하지 않는다』입니다."

"아, 그럼요. 이리 주세요."

"딸은 림프구성 백혈병으로 이미 이 세상 사람이 아니에요. 아마도 투병하는 도중에 선생님께서 쓰신 책을 읽은 것 같아요. 선생님 사인을 받아 딸의 불단에 올려주고 싶습니다."

나로서는 눈물이 날 만큼 고마운 일이었다. 그야말로 영광이 아닐 수 없다.

나는 그 분에게서 따님과 관련된 감동스런 이야기를 전해들었다.

합창부에서 활동하던 딸이 고등학교 2학년 때 급성 림프구성 백혈병이라는 진단을 받았다고 한다. 공부를 잘했고, 친구들과도 사이가 좋았다. 병마와의 싸움은 1년 반 동안 계속되었다.

도중에 대퇴골 골두괴사가 일어나기도 했다. 백혈병을 치료하면서 항암제와 함께 사용한 스테로이드가 영향을 미쳤는지도 모른다. 고등학교 졸업식을 앞둔 1월 1일, 그녀는 17년 10개월의 짧은 생을 마쳤다.

딸이 죽은 후 그 부모는 깊은 상심에 빠져들었다. 그러던 어느 날 딸과 가까웠던 친구가 편지봉투를 건네주었다. 이미 이 세상에 없는 딸이 쓴 편지였다. 세상을 떠나기 9개월쯤 전에 혹시라도 자신이 죽게 된다면 부모님께 전해달라며 친구에게 맡겨둔 것이다. 정말 대단한 딸이라는 생각이 들었다.

아빠, 엄마!

지금까지 저를 예쁘고 소중하게 키워주셔서 고맙습니다.

아빠와 엄마가 이 글을 읽는 일이 없도록, 몸이 회복되기를 간절히 바라며 편지를 쓰고 있어요.

하지만 이 편지를 읽고 계시다면, 우리 모두 정말 안타까운 시간을 맞이한 거겠죠? 그래도 그동안 최선을 다했으니, 이제 그만 쉬어도 되지 않을까요?

저는 제가 살아온 삶을 후회하지 않아요.

물론 이런 병에 걸려 불행하다고 생각한 적도 있어요.

그렇지만 지금은 전혀 그렇지 않아요. 오히려 행복해요.

왜냐면요.

저를 진심으로 위해 주시는 분들을 정말 많이 만났거든요.

아빠와 엄마에게 끝까지 사랑만 받아온 딸 올림

나는 그 편지를 읽다가 눈물이 왈칵 쏟아질 것 같았다.

17세 여자아이가 어떤 마음으로 이 편지를 썼을까?

자신에게 생길 혹시 모를 상황에 대비해 부모님께 편지를 쓰다니, 참으로 대단하다는 생각이 들었다. 자식을 앞세운 부모의 슬픔과 입장을 염두에 두었을 것이다. 참으로 마음 따뜻하고 배려심 강한 소녀가 아닐 수 없었다.

무겁게 침잠해 있던 부모님의 마음이 딸의 편지 한 통으로 어느 정도 밝아졌을 것이다. 이런 일은 아무나 할 수 있는 것이 아니다. 그렇지만 인간이기 때문에 가능했다는 점은 분명하다.

친절과 따뜻함은 순환의 고리처럼 연결된다.

누군가를 위해 산다는 말은 사실 막연하기도 하다. 아무리 생각해도 어떻게 살아야 좋을지 알 수 없다면, 일단 주위의 소중한 사람을 위해 살아보는 건 어떨까? 매너리즘에 빠진 듯한 인간관계에 다시 한 번 기운을 불어넣는 것이다.

아이나 부모를 위해서도 좋고, 남편이나 아내를 위해서도 좋다. 정말로 좋아하는 사람을 위해 마음을 다해보는 것은 어떨까?

17세 소녀의 편지 쓰기는 참으로 아름다운 선택이었다. 컴퓨터나 핸드폰으로는 그렇게 깊은 정을 전하기 어렵다.

사랑하는 사람에게 마음을 전하기 위해서는 언어를 뛰어넘는, 가령 모르스 신호 같은 게 좋지 않을까? 탁, 타닥, 탁 타닥탁…….

실로 만들어져 진동으로 메시지를 전하는 전화기로 "당신이 나에게 얼마나 소중한 존재인지 아시나요?"라고 이야기한다면, 그것이야말로 최고 아닐까? 어떤 상황에 처하더라도 생각을 전하고 싶은 인간관계가 존재한다는 것이 중요하다.

절망 속에 있을 때, 마음의 눈을 1% 돌릴 수 있어야 한다. 하늘의 아름다움, 조용한 빗소리에 마음을 기울이는 것으로도 변하기 시작한다. 지난날 자신을 사랑해 준 사람을 떠올리는 것으로도 변화가 일어난다.

마음의 시선을 아주 조금만 돌리면 인생이 변한다.

마음의 귀로, 들리지 않는 것을 들으려 노력해 보자.

마음의 눈으로, 보이지 않는 것을 보려고 노력해 보자.

나는 그동안 수많은 죽음을 지켜보았다. 그 순간마다 삶이란 무엇인가를 마음의 눈으로 살펴보려 애썼다.

그런데 이번에는 17세 소녀에게 큰 가르침을 얻었다. 아무리 어려운 상황일지라도 포기하지 않고, 내던지지 않고, 지지 않고 살아가는 길이 있는 것이다. 내 마음의 눈에 그녀가 모르스 신호를 보내고 있는 듯했다.

저승과 이승도 이어져 있는데, 이승과 이승 사이는 더 말해 무엇 하겠는가? 뜻이 있다면 반드시 통하게 마련이다.

괴로울수록, 슬플수록, 잠시 자신의 일을 뒤로하고 온전히 남을 위해 최선을 다해보자. 누군가를 위해 살다 보면, 지금까지 보이지 않았던 길이 나타날 것이다. 슬픔은 상대방의 입장이 됨으로써 치유될 수 있다.

절망적인 상황에서 지지 않는 삶의 길이 있다면, 그것은 사람을 사랑하는 것이다. 사랑하는 누군가를 위해 그런 길을 걸을 수 있다면, 결코 인생에서 패배하지 않을 것이다.

'1% 더'의 무게

나는 삶을 위한 철학을 중시하며 살아왔다. 죽음이란 무엇인가, 생각이란 무엇인가, 1%에는 왜 힘이 있는 걸까? 나는 그런 것들을 끊임없이 생각하곤 한다. 그렇게 세월이 흐르자 나만의 철학을 갖게 되었고, 삶이 한결 편안해졌다.

나는 20년 정도 학교에서 간호철학을 가르쳤다. 예비 간호사들에게 따분한 학문적 철학을 가르칠 생각은 전혀 없었다. 단지 철학하는 습관을 길러주고 싶었다. '생명이란 무엇인가?' 같은 주제를 늘 염두에 두는 간호사로 키우고 싶었다.

그래서 나는 삶을 온전히 살아내기 위해 무엇이 필요한지를 철학적 주제로 삼아왔다.

우선 자기 자신을 긍정하는 마음이 없으면 불가능하다. 그런데 그것보다 더 중요한 것이 있다. 자기를 긍정하는 마음을 유지하되, 동시에 자기를 부정할 수 있어야 제대로 발전할 수 있다. 이것은 참으로 유용한 삶의 기술이다. 기술과 철학이 다 중요하다.

나는 간호철학 시험을 이용해 '1점 더' '1% 더'의 소중함을 가르쳤다.

철학하는 인간을 꿈꾸며

나는 간호철학 수업을 통해 '환자뿐만 아니라 자기 자신을 소중히 여기는 간호사'를 키워내고 싶었다. 철학하는 간호사가 되면 좋겠다는 것이 나의 생각이었다.

위대한 철학자들의 말을 그대로 주입하겠다는 뜻이 아니다. '삶이란 무엇인가?' 혹은 '사람을 돕는다는 것은 무엇인가?'를 각자 생각해 보도록 훈련하는 것이다.

나는 철학하는 간호사가 되기 전에, 먼저 철학하는 어머니가 되면 좋겠다고 생각했다. 한계에 부딪쳐 헤매는 아이에게 자신만의 특별한 생각이나 힘이 될 말을 해줄 수 있는 그런 어머니 말이다. '사람은 왜 배워야 하는가?' 같은 주제로 아이와 대화를 나눈다면 얼마나 좋을까? '철학한다'는 표현이 다소 거창하게 느껴지지만, 그렇게 살아가는 간호사가 되기를 희망했다.

나는 어렸을 때 생각하는 아이였다. 10세 무렵 아버지와 어머니를 지키며 살아가야겠다고 결심했다. 아버지가 아무리 화를 내도, 그저 성격 탓이려니 하고 크게 개의치 않았다. 어쩌면 내 나름의 사고방식이 그 무렵 이미 싹트고 있었는지도 모르겠다.

힘들어하는 환자에게 수술이나 약을 처방함으로써 조금이라도 고통을 덜어주는 것이 의사의 역할이다. 그에 비해 간호사는 말이나 분위기, 간호기술로 환자의 불안과 고통을 줄여줄 수 있다.

그러기 위해서는 '간호란 무엇인가?'와 같은 주제를 늘 염두에 두어야 한다. 내가 간호철학을 강의하는 까닭이 여기에 있다.

철학은 인생의 설계도

간호학을 공부하다 보면, 누구나 두세 번쯤 학교를 때려치우고 싶다는 생각을 하게 된다고 한다. 가르치는 입장에서는 그 벽을 어떻게 뚫고 지나가게 할지가 큰 과제이다. 또한 간호사 국가고시를 통과한 뒤 으레 찾아오는 탈진증후군에 걸리지 않고 간호사로서 오랫동안 일할 수 있는 마음가짐을 갖게 하는 것도 큰 숙제이다. 그런 일들을 잘 치러내도록 돕는 것이 나의 역할이었다.

'공부가 재미있다'고 생각하는 학생들은 변화에 매우 능동적이다. 즉, 공부를 넘어야 할 산이 아니라 즐거운 놀이처럼 생각한다.

나는 시험을 치르기 전 학생들에게 이렇게 말했다.

"나를 위해 답을 쓰지 마세요. 모두들 간호사로 일하며 행복해졌을 때, 지금 여러분이 쓴 답을 꼭 다시 읽어보기 바랍니다. 미래의 자기 자신을 위해 답을 쓰는 겁니다."

나는 시험문제를 미리 공개했는데, 전부 논술형이었다.

'사람을 돕는다는 것은 무엇인가?'

'삶이란 무엇인가?'

'생명이란 무엇인가?'

'소중한 사람을 보살필 때 어떤 생각으로 그 일을 하는가?'

'당신의 간호관은 무엇인가?'

이런 식의 문제를 4~5가지 제시한다.

어떤 병원도 결코 모든 것이 만족스러울 수는 없다. 여러 가지로 부족한 간호체계 속에서 미래의 간호사들은 생활하게 된다. 하지만 어떤 상황에서도 자신의 존재가 어려운 처지의 누군가를 구원할 수 있다는 사실을 잊어서는 안 된다고 가르친다.

나는 학생들이 제출한 답안을 시간을 두고 천천히 읽었다. 그리고

10년, 20년 뒤 다시 읽어보기를 바라는 마음으로, 한 사람 한 사람에게 내 의견을 적었다. 젊은이들에게 보내는 일종의 러브레터인 셈이었다.

내가 매기는 시험점수는 특별한 편이다. 압도적으로 많은 점수가 99점이다. 100점은 없거나 한두 명에 불과했다. 시험문제를 일찌감치 알려주기 때문에 모두 열심히 준비한다. 시험지 뒷면까지 할애해 시간이 허용하는 한 자세히 적을 수 있다.

내가 강의에서 거론한 사례를 응용하며 자신의 간호관을 피력하면 어렵지 않게 99점을 얻을 수 있었다. 그렇게 해서 누구나 한 번은 높은 점수를 맞게 해준다. 그러면 답안지를 돌려받은 후 모두들 이상할 정도로 눈이 반짝거린다.

학생이라면 좋은 평가를 받고 싶은 것이 당연한 일이다. 평수에 겨우 60점을 넘기며 간신히 낙제를 면했는데 99점을 받으면 어찌 기쁘지 않겠는가? 그런 평가 때문에 복도에서 나에게 말을 거는 학생들이 많은 편이었다.

"교수님, 점수가 잘 나와 정말 기분 좋았어요."

"제 인생에서 그런 점수는 처음이에요."

'사람을 돕는다는 것은 무엇인가?' '삶이란 무엇인가?'를 글로 정리해 갖고 다니는 사람은 인생의 목표와 생활태도가 좀 더 분명해진다. 인생의 설계도를 가진 것이나 다름없다. 이것이 간호철학 수업에 임하는 나의 작전이었다.

1% 감점의 비밀

내가 출제한 간호철학 문제를 풀다 보면, 99%는 노력했지만 100% 최선을 다하지 않았음을 스스로 깨닫게 된다. 그리하여 1%가 삶에서 얼마나 중요한지 알게 된다.

100점은 내 예상과 전혀 다른 답안일 때, 출제한 내가 기뻐서 어쩔 줄 모르는 답안을 보았을 때 나온다. 오히려 내 쪽에서 배우는 게 많은 경우이다.

언제나 100점만 맞아온 학생에게 99점은 충격일 수 있다. 하지만 우등생이라는 타이틀만으로 이 세상을 살아갈 수는 없다. 병에 걸린 인간을 상대해야 하기에, 우리는 상대가 얼마나 복잡다단한 존재인지 알아야 한다. 나는 학생들이 이런 점을 늘 고려하기를 희망했다.

자신이 우등생이라는 생각만으로는 삐딱해져 있는 인간을 제대로 간호할 수 없다. 환자 가운데는 흔히 찾아보기 어려운 독특한 유형도 있게 마련이다. 그것이 인간이다. 어쩌면 간호란 그처럼 기묘한 인간이 기묘한 인간을 돌봐주는 것이라고 할 수 있지 않을까? 그래서 어려운 것이다.

어떤 인간이든 소외되지 않도록 해야 한다. 자신의 인생관만 내세워서는 전문적인 간호를 할 수 없다.

나는 아직은 미숙한 학생들에게 준 99점이 미래를 위한 디딤돌 역할을 할 거라고 생각한다. 꿈을 주고 등을 토닥이는 99점이다. 우등생에게 준 99점은 점수보다 소중한 것이 있음을 일러주는 1점을 뺀 것이다.

자기부정과 자기긍정

자기를 긍정하는 마음을 유지하되, 동시에 자기를 부정할 수 있어야 한다. 그런 사람이 비약적으로 변화할 가능성이 크다. 자기를 바꾸거나 좀 더 재미있게 살고 싶을 때 '1% 더'의 중요성은 커진다.

늘상 60점을 밑돌아 낙제를 밥 먹듯이 한다면 자포자기하기 쉽다. 하지만 시험점수로 모든 것이 결정되는 것은 아니다.

누구에겐가 이제 틀렸다고 낙인을 찍는 건 옳지 않다. 혹시 틀렸다고 딱지를 붙이는 사람이 있다면, 그와 반대로 대단하고 훌륭하다고 인정해주는 사람도 필요하다. 이제 틀렸다는 것과 당신은 훌륭하다는 것 사이에는 매우 미묘한 무언가가 있다.

언제나 낮은 점수를 받던 학생이 99점을 받으면 얼마나 기쁘겠는가? 스스로 할 수 있다는 자신감이 생겨날지도 모른다. 인생의 절반은 착각과 오해로 이루어진다. 따라서 인생에 얼마나 좋은 착각과 오해를 안겨주는지가 중요하다.

나에게 간호철학을 배운 학생들은 살아가면서 자신의 답안을 여러 차례 읽게 될 것이다. 그런 과정에서 자기를 긍정하는 마음이 커진다.

부모님이나 선생님, 친구들에게 좋은 평가를 받아본 적 없는 학생에게 자신감을 심어주어야 한다. 나는 학생들의 근원적인 자신감을 회복시키는 것이 매우 중요하다고 생각한다.

100점 만점을 받지 못하면 아직도 모자라는 점이 있다고 스스로를 부정하며, 좀 더 노력하고 방법을 짜내게 마련이다. 인간은 자기부정을 통해 성장하는 법이다. 따라서 일정하게 자기부정도 할 수 있어야 한다.

중요한 것은 인생의 마지막 시험이다. 여기에 합격하면 되는 것이다. 살아가면서 경험한 모든 시험은 중간고사에 불과하다. 중간고사는 인생을 날아오르게 하기 위한 과정일 뿐이다. 중간고사에서의 실패는 만회가 가능하다.

삶에서 1점이나 1%의 존재감은 사실상 매우 크다고 할 수 있다.

사람은 누구나 혼자서 죽는다

때로는 삶이 주는 긴장감에서 벗어나 눈에 보이지 않는 위대한 힘에 자신을 맡겨보는 건 어떨까? 그저 그 흐름에 맞추어 살아도 좋을 때가 있다.

인간은 약한 동물이다. 그렇기 때문에 한데 어울려 살아간다. 하지만 무리에서 벗어나 혼자 살고, 혼자 죽는 것도 나쁘지 않다.

삶과 죽음은 틀림없이 이어져 있다. 성실하게 일궈온 삶에 대한 포상으로 마지막 순간 따뜻하고 평온한 죽음이 찾아오는 것일 뿐이다.

죽음 전문학으로 유명한 의사 엘리자베스 퀴블러 로스Elisabeth Kubler-Ross는 이렇게 말했다.

그 누구라 할지라도 때어날 때나 죽을 때는 위대한 힘에 자신을 맡기게 된다. 태어나서 죽을 때까지 우리가 헤매는 까닭은 위대한 힘에 자신을 맡겨야 한다는 사실을 잊고 지내기 때문이다.

집착을 버리고 온전히 자신을 맡겨야 한다. 그러면 어떻게든 살아지게 돼 있다.
물론 홀로 죽을 수도 있다. 하지만 두려울 게 무엇인가?

홀로 죽는 것에 대한 두려움

악성 림프종을 앓는 62세 여성이 있었다. 왼쪽 유방에서 악성 림프종이라는 희귀한 유형이 발견되어, 야마나시 현의 한 병원에서 수술 및 화학요법을 받았다. 그로부터 5년 후, 이번에는 오른쪽 유선乳腺에 악성 림프종이 발생했다. 병이 재발한 것이다.
의사에게 회생 가능성이 없다는 말을 들은 그녀는 내가 쓴 『분투하지 않는다』를 읽고 우리 병원으로 찾아왔다.
"제가 자란 환경이 선생님과 똑같은 것 같아요. 저도 집이 지옥이었거든요. 집에서 나와 지금은 혼자 살아요. 이 병원에서 치료받고 싶습니다."

그녀가 말을 이었다.

"저는 그 누구보다 열심히 살았어요. 살기 위해서라면 어떤 일이든 최선을 다했지요. 그런데 선생님께서 말씀하신 '분투하지 않는 것'이 얼마나 중요한지 알게 됐어요."

그녀는 악성 림프종이 재발한 오른쪽 유선 절제술을 받은 뒤 화학요법을 진행했다. 또한 우리 병원으로 오기 위해 병원 근처의 공동주택으로 이사했다.

건강한 독신생활을 해오던 그녀는 2년이 지나자 돈 계산도 못하고 오른손에 힘도 주지 못했다. CT 촬영을 해보니 뇌에서 전이성 종양이 발견되었다.

그러던 어느 날, 무언가를 잔뜩 들고 원장실로 찾아온 그녀는 자신의 이야기를 털어놓기 시작했다. 가지고 온 것은 앨범 등 개인물품이었다. 그녀가 무슨 생각을 하며 살아왔는지가 그곳에 담겨 있었다.

줄곧 혼자서 살아왔지만, 죽음을 앞둔 지금은 자신의 흔적을 남기거나 그동안의 삶을 글로 쓰고 싶다고 했다. 집에서 벌어진 학대와 폭력, 그녀가 벽장 속에서 경험한 도저히 믿기 어려운 인간성의 또 다른 측면 등을 말이다.

그녀는 중학교를 졸업하자마자 집에서 나왔다. 그리고 열심히 일해 자신의 가게를 오픈했다. 이처럼 흔히 말하는 성공을 거두었지만, 어릴 때 받은 마음의 상처는 치유되지 않은 상태로 남아 있었다.

나는 그녀의 계획을 실천하려면 얼마나 많은 시간이 필요한지 설명했다. 하지만 그녀는 가지고 온 삶의 흔적들을 막무가내로 내 방에 두고 갔다. 지금도 그 자료는 내가 보관하고 있다.

둘 다 힘든 어린 시절을 보냈지만, 친척이 없었던 나는 새로 만들어진 친척들 속에서 함께 살아갈 수 있었다. 반면에, 복잡다단한 관계로 둘러싸여 있던 그녀는 모든 친척들과 인연을 끊고 살아왔다.

무모하지만 후회 없는 1%의 선택

그녀는 자신의 상황을 가족에게 절대로 알리고 싶어하지 않았다. 아무도 모르게 조용히 삶을 마무리하고 싶다고 했다. 나는 혼자 죽어가는 것이 얼마나 큰일인지를 그녀에게서 배웠다.

1%의 가능성밖에 없더라도 자기 자신의 생각이 중요하다. 만반의 준비를 할 수 없더라도 괜찮다. 꿈과 희망은 무모하게 마련이다.

그녀는 가게를 팔고 신변을 정리하기 시작했다. 이 또한 작은 일이 아니었다.

자신이 원하는 방식으로 죽음을 맞이하기 위해 그녀는 야마나시 현에서 우리 병원과 가까운 공동주택으로 이사했다. 유언공정증서를 작성하고, 가진 돈으로 요양하며 사후에 유산을 어떻게 할지 고민했다.

자신의 죽음 뒤 시청에서 사망진단서 수속을 어떻게 하는지 알아보고, 주위 사람들에게 각각의 역할을 맡겼다. 병원 직원이 어떤 역할의 책임자가 되어 있기도 했다.

그녀에게 호감을 가진 남성이 멀리서 찾아와 간혹 바깥바람을 쐬어주었다. 그녀에게는 무척 행복한 시간이었다. 물론 그 사람에게도 작은 역할이 맡겨졌다.

장례 방법, 영대공양永代供養(절에 일정한 돈을 맡겨 고인의 기일이나 법회 때 경을 읽게 하는 공양—옮긴이) 등에 대해서도 미리 결정해야 했다.

그러던 중 그녀는 마지막 순간에 듣고 싶은 음악이 있다고 했다. 그러더니 자신이 좋아하는 열 곡을 선정해 음반을 만들었다.

장례식을 치른 뒤 보낼 인사장도 직접 만들었다. 공동주택에 남게 될 자신의 짐을 어떻게 처리할지도 정했다. 버릴 물건과 몇 명의 친구들에게 줄 물건을 하나하나 결정했다. 공동주택 계약의 해지방법 또한 미리 의논해야 했다. 그날이 언제일지 모르므로 이 문제는 꽤 복잡했다.

어느 날 밤, 나를 포함한 몇 사람이 병실에서 이런저런 이야기를 나누고 있을 때였다. 그녀가 갑자기 노래를 부르기 시작했다. 프랑스 가수 에디트 피아프Edith Piaf의 〈난 아무것도 후회하지 않아요Non, Je Ne Regrette Rien〉였다. 뇌에 전이된 상태였기 때문에 가사를 전부 기억하지는 못했다. 하지만 대단히 잘 부르는 노래였다.

우리는 조금씩 더듬거리는 그녀의 샹송에 빠져들었다. 군데군데 허밍으로 노래를 이어나갔지만, 그것 또한 괜찮았다.

아니오, 그 무엇도 아무것도
아니오, 난 후회하지 않아요.
사람들이 내게 줬던 행복이건 불행이건
그 모든 게 나완 상관없어요.

라라라……
나는 과거에 신경쓰지 않아요…….

에디트 피아프의 노래가 아니라 이미 그녀의 노래가 되어 있었다. 자신의 인생을 온전히 그 노래에 담아서 부르는 듯했다. 그녀가 자신에게 주어진 시간들을 마지막으로 정리하고 있다는 생각이 들었다.

우리는 같이 홍차를 마시며 그 노래를 들었다. 그녀는 홍차를 좋아했는데, 약간 달게 타서 미지근하게 식은 상태였다. 노래를 마치고 그녀가 말했다.

"사실 죽으러 가는 노래가 아니에요. 사랑의 노래랍니다. 그래요. 새로운 출발의 노래예요. 앞으로 남은 시간 동안 나답게 삶을 마무리할 겁니다."

그 일이 있은 뒤 나는 회진시간에 그녀의 병실을 찾았다.

"그동안 인생에 줄곧 낙담하며 살았어요. 하지만 지난 1년 동안 태어나기를 참 잘했구나 하는 마음이 조금씩 들더라구요. 선생님, 고맙습니다."

남은 시간은 얼마 안 되는데 해야 할 일이 산더미처럼 많았다. 그런 가운데 그녀의 정신적 트라우마를 조금이나마 덜어주고 싶었다. 우리는 완화치료 병동의 라운지에서 그녀의 콘서트를 열기로 했다.

그런데 콘서트를 며칠 앞두고 상태가 매우 나빠졌다. 병실에 갔더니 그녀가 내 손을 잡고는 미소를 지었다. 이제는 목소리조차 내기 힘들었다. 나를 바라보는 그녀의 눈빛이 '나를 잊지 마세요'라고 말하는 듯했다.

결국 그녀의 마지막 날이 찾아왔다. 그동안 그녀를 응원해 준 몇 명의 친구들과 병원 식구들이 모였다. 우리는 그녀의 손을 차례로 잡아주었다.

그녀는 숨을 크게 쉬다 멈추기를 반복했다. 이른바 체인-스토크스 호흡Cheyne-Stokes respiration(호흡과 무호흡의 시기가 일정한 간격으로 되풀이되는 이상호흡-옮긴이)을 시작한 것이다. 그때 어디선가 에디트 피아프의 노래가 들리기 시작했다. 〈난 아무것도 후회하지 않아요〉였다.

아니오, 그 무엇도 아무것도
아니오, 난 후회하지 않아요~

마치 에디트 피아프의 노래가 그녀의 목소리와 겹쳐지는 듯했다.
'우리는 당신을 외톨이로 두지 않을 겁니다.'
'당신을 잊지 않겠어요.'
'당신은 혼자서 죽으려 했지만, 열심히 살아온 당신의 인생에 공감하며 지지하는 친구들이 이렇게 많이 생겼답니다.'
내 머릿속에서 온갖 상념들이 오갔다.
그녀는 태어날 때와 마찬가지로 집착을 버린 채 위대한 힘에 온전히 몸을 의탁했다. 퀴블러 로스가 말한 것처럼 자신을 맡긴 것이다. 그런 선택을 할 수도 있구나 하는 것을 나는 처음으로 알게 되었다.
그녀의 마지막 길을 우리는 차분한 마음으로 배웅해 주었다.

한 걸음으로
십 리를 갈 수는 없다
⋮

넋두리, 우는 소리, 원망의 소리가 아니라, 주어진 그대로를 인정하며 감사하는 마음으로 살아가고 싶다.

1%만 방식을 바꾸면 삶이 훨씬 수월해진다는 것을 나는 몇 번이나 경험했다.

스와 중앙병원에서 1억 엔 이상의 적자가 2분기 연속 이어졌다. 누적적자는 어마어마했다. 그런 상황에서 나는 원장직을 맡게 되었다.

병원 운영을 맡은 후로 내가 한 일은 딱 두 가지였다. 먼저 의료진을 포함한 직원들이 아침 일찍 병원 현관에서 인사하며 방문객들을 맞도록 했다. 그리고 나를 포함한 임원들의 수당을 1%씩 삭감했다. 그렇게 하자 병원 분위기, 나아가 병원을 둘러싼 지역 사람들의 생각이 순식간에 바뀌었다. 그리고 자연스럽게 적자가 해소되었다.

1%가 핵심이다. 다른 사람들은 대단하게 여겼지만, 우리가 실제로 큰 일을 한 건 결코 아니었다.

살면서 굳어진 생각을 한꺼번에 바꾸기란 쉽지 않다. 그러나 1%라면 만만해 보이지 않는가? 바로 그 느낌이 중요하다.

인간이 하는 일에 쓸모없는 건 없다

규슈의 미야자키 현에 있는 다카치호 신사에서 고토 도시히코 궁사宮司(신사의 제사를 맡은 신관 가운데 최고위—옮긴이)를 만났다. 나는 그를 만나면 늘 기분이 좋다

고토 궁사가 재미있는 전설을 이야기해 주었다.

일본신화의 첫머리에 등장하는 이자나기와 이자나미가 결혼해 자식을 낳았는데, 세 살이 되도록 일어서지 못하는 미숙아였다. 그들은 아이에게 '거머리'라는 뜻을 지닌 '히루코'라는 이름을 붙여주었다.

두 신은 히루코를 실패작으로 여겨 바다로 떠내려 보냈다. 흐르고 흘러 히루코는 현재의 오사카와 효고의 경계에 자리한 셋쓰노쿠니에 도착했다. 우연히 그곳에 사는 어부가 히루코를 거두게 되었고,

천신의 아들이라며 소중히 키웠다.

히루코는 부모에게 버림받아 바다로 떠내려온 신이었기 때문에 인간세상의 슬픔과 고통을 누구보다 잘 알았다. 그가 바로 에비스惠比寿이다. 니시노미야 신사에서는 그를 신으로 모시고 있다.

나는 그 이야기를 듣고 고개가 끄덕여졌다. 인간으로 살아가는 이상 결코 쓸모없다고 단정지어서는 안 된다. 소외당하고 버림받을지라도 '이제 틀렸어!'라고 생각해서는 안 된다. 어려움을 겪어봤기 때문에 고난에 처한 사람의 마음을 이해할 수 있다. 그러고 보면 인생이란 넘치지도 부족하지도 않게 적절히 조합되어 있는 것 같다.

에비스 신에 대한 이야기를 듣고 나는 고토 씨에게 나의 유년시절을 이야기했다.

나를 낳아준 부모님은 나를 계속 키우기가 곤란한 상황이었다. 버림받은 것은 슬픈 일이지만, 어려운 형편에도 나를 데려다 키워준 양부모님이 계셨다. 인간이 하는 모든 일에 쓸모없는 건 없구나 하는 생각이 들었다. 양부모님 덕분에 나는 그 누구보다 자유롭게 살아갈 수 있게 되었다.

"이자나기와 이자나미의 자식도 역경을 헤쳐나감으로써 많은 사람들에게 행복을 안겨주는 신이 된 거군요?"

내 말에 고토 궁사가 이렇게 말했다.

"그렇습니다. 일본 사람이라면 니시노미야 신사와 관련해 '장사 잘 되게 조릿대를 가져와!(조릿대는 항상 푸른 빛을 띤다는 점에서 생명을 상징하고, 이로 인해 신도신앙 자체를 상징함-옮긴이)'라는 말을 다들 알고 계실 겁니다. 일반 서민들이 추앙하는 강력한 신이 된 거지요."

그래도 우리에게는 바다가 남았다

지역의료에서든 자원봉사에서든 현재 살고 있는 사람과 사람의 횡적 연결이 매우 중요하다.

나는 나를 낳아준 부모님을 알지 못한다. 하지만 어딘가에 틀림없이 계실 것이다. 그 분들 때문에 내가 태어날 수 있었다. 구체적인 상황은 모르지만, 그 분들 위로 할아버지와 할머니도 계셨을 것이다. 누구나 거대한 생명의 흐름 속에서 세상에 태어난다. 나 또한 그런 연결고리 안에서 살아가고 있음을 최근에야 깨달았다.

내 이야기를 들은 고토 궁사가 뜻밖의 말을 했다. 환갑 즈음까지만 해도 자기 힘으로 살아왔다고 생각했다는 것이다. 하지만 이런저런 어려움을 겪으면서 부모와 조상들로부터 생명을 얻고, 자신 또한 위아래로 두루 연결된 생명임을 깨달았다고 한다.

　나는 왠지 고토 궁사와 마음이 잘 통할 것 같다는 생각이 들었다. 보수적인 정신세계에서 살아온 그와 생활이나 사고방식은 많이 다르지만, 마음의 뿌리만큼은 공감할 수 있을 듯했다.

　고토 궁사는 "인간이 쓰던 도구를 바다에 버리는 행위를 바다의 신이 가장 싫어한다"는 어떤 어부의 말을 전했다. 방사능에 오염된 물이 인간의 잘못으로 시시각각 바다로 흘러들고 있다. 그래서 바다의 신이 분노하고 있다고 그는 생각했다.

　"다카치호 가구라神楽(신을 위해 연주하는 춤과 음악-옮긴이) 팀과 동일본 대지진이 벌어진 도호쿠 지역에 갔었습니다. 그곳 분들이 무척 좋아하셨어요. 대지진 뒤 그렇게 웃어본 적이 없다고 하더군요. 70대 초반의 어떤 분에게 생활이 고단하지 않느냐고 여쭈었습니다. 그랬더니 '쓰나미가 온갖 것을 휩쓸고 갔지만, 그래도 바다가 남았잖아요' 하고 말씀하시는 거예요. 그 말을 듣고 정말 감동했습니다."

　그래도 바다가 남았다니……. 지난 몇 년 동안 이토록 무게감 있는 말을 들어본 적이 없었다. 누구나 쉽게 할 수 있는 말이 아니었다.

　"자연에 대한 경외심을 가지고 좀 더 소중히 여기면서 우리와 공생하고 있음을 자각해야 합니다. 그렇게 하지 못한다면 어떤 노력을 기울이더라도 똑같은 사고가 재현될 거예요. 우리의 발상을 바꾸지 않는 한 제2, 제3의 자연의 앙갚음이 반복될 겁니다."

절망적인 상황에서도 "바다가 남았다"고 말할 수 있는 사람이 존재한다. 그런 분들과 함께 살고 있다는 것만으로도 나는 마음이 흐뭇해졌다.

그러한 표현은 온갖 역경을 견뎌냈기 때문에 가능할 것이다. 인간이란 존재는 참으로 근사한 생명체 아닌가? 우리는 분명 다시 일어설 수 있다. 앞으로 어떻게 할지가 중요할 뿐이다.

절망을 희망으로 바꾸는 1%

그렇게 이야기하는 고토 궁사에게도 절망의 순간이 있었다. 장남이 서른아홉이란 젊은 나이에 갑자기 세상을 떠난 것이다.

고토 궁사의 장남에게는 세 명의 자녀가 있었다. 그런데 부인의 뱃속에서 넷째가 자라고 있음을 안 다음날, 그는 지주막하 출혈로 쓰러져 세상을 떠났다. 행복의 절정기에 불행이 찾아온 것이다.

"낮 동안에는 어떻게든 버틸 수 있었습니다. 일을 하니까요. 하지만 밤이 되면 아들 생각이 나서 현관문을 열기가 괴로웠어요. 아내는 저보다 더 힘들었겠지요. 며느리는 더 심했을 테구요.

저는 애써 밝은 목소리로 가족들을 위로했어요. 하지만 잠자리에

들 때마다 깊고 깊은 나락으로 떨어지곤 했습니다.

 혹시라도 우울증에 걸릴까 봐 걱정하던 차에 죽은 아들 생일이 다가왔어요. 아내에게 어떻게 할지 물었습니다. 그랬더니 세상을 떠난 지 40일밖에 안 돼 혼령이 아직 집안에 머무를 거라면서 생일을 축하해 주자고 하더군요.

 저는 신사로 올라가 기도했습니다. 그런데 저도 모르게 이렇게 기도하고 있더군요.

 '오늘은 세상을 떠난 장남의 생일입니다. 39년 동안 저희에게 생명을 보내, 부모와 자식으로 잘 지낼 수 있게 해주셔서 고맙습니다.'

 기도를 끝내고 경내에 서니 주변 공기가 확 바뀌는 게 느껴지더군요. 11월이었는데, 맑으면서도 감미로운 느낌이 들었습니다. 놀랍게도 그때 살아갈 힘을 얻은 것 같아요. 신께 올린 감사의 말씀이 나에게 살아갈 힘을 준 겁니다."

 나는 영계의 존재를 믿지 않는다. 하지만 고토 궁사 입장에서는 아들의 혼령이 아직 집안에 머무른다고 생각하면 조금이나마 마음이 편안해졌을 것이다. 사실 그동안 수많은 죽음을 접하며 영혼이 존재할지도 모른다고 생각되는 경험이 몇 번 있었다.

 나 같았으면 "겨우 39년이라니, 왜 내 아들의 생명을 벌써 앗아간단 말이오?"라며 신에게 불만을 쏟아냈을 것이다. 고토 궁사는 과연

경지가 남다른 분이라는 생각이 들었다. 정말 미미한 차이에 불과한데, 그 차이가 남은 인생을 바꾼다.

아들에게 닥친 지주막하 출혈을 원망해 봤자 바뀌는 것은 아무것도 없다. 쓰나미를 일으킨 바다에 대해서도 마찬가지이다.

"그래도 바다가 남았다"고 생각하는 것은 인생에 대한 적극적인 사고방식이다. 아들은 죽었지만, 며느리 뱃속에 아들의 후손이 자라고 있다. 이것 또한 기적 아닌가?

사물을 바라보는 각도를 조금만 바꾸면 절망이 희망으로 바뀐다는 사실을 새삼 배울 수 있었다. 이 세상에 태어난 이상, 사람은 열심히 사는 수밖에 없다. 잘나가는 사람들 속에서 홀로 절망을 끌어안아야 할 때도 있다. 살고, 살고, 또 살아가다 보면 절망이 희망으로 바뀌는 시기가 반드시 찾아온다. 나는 그렇게 믿는다.

고토 궁사는 헤어지기 전에 이렇게 말했다.

"어떤 사람에게나, 눈에 보이지 않을지라도, 끊임없이 걱정해 주는 존재가 있게 마련입니다. 축복에 둘러싸여 살아가고 있는 거지요. 우리 모두에게 그런 존재가 있다는 사실을 잊지 않았으면 합니다."

제4장

'우선 1%' 관점을 바꿔본다

인간의 마음을 이해하기란 참으로 어렵다. 내 마음 속에도 괴물이 존재하고 있을지 모른다.
나 역시 어리석고 이기적인 마음을 전부 이겨내지는 못하고 살아간다. 그렇지만 일단 1%라도
악에서 선으로, 냉정에서 열정으로 나를 바꿔가고 싶다.

하고 싶은 것은
하는 게 좋다

　•

'좋아하는 것'이 출발점이다. 뭔가 좋아졌다면, 이것저것 따지지 말고 마음껏 해봐야 한다.

살다 보면 선택의 기로에서 결단을 내려야 할 때가 있다. 그때 리스크risk가 있다는 말에 위축되어서는 안 된다.

삶은 본질적으로 위험한 것 천지이다. 그러니 어떤 순간에는 리스크를 잊어버려야 한다. 99%의 리스크가 있더라도 진정으로 하고 싶은 것이 생기면 도전해 보자.

다만 일단 해보자는 쪽으로 결심할 경우, 조금이라도 나은 결단이 되도록 방법을 강구할 필요는 있겠다. 그러려면 여러 조건들을 두루

살피며 온 마음을 뜨겁게 기울여야 한다.

그 무엇보다 '좋아하는 것'이 중요하다. 좋아하는 것을 찾았으면 두려워하지 말고 도전하라. 하고 싶은 것은 해봐야 한다.

목숨조차 중요하지 않은 순간

2011년 5월, 니혼게이자이 신문의 인기 연재물인 〈나의 이력서〉에 세토 유조 씨의 반생기가 실렸다. 아사히맥주의 전 사장으로, 탁월한 경영자이며 전설적인 인물이다.

1회 제목은 '최악의 출발! 집중치료실에서 사장으로 취임, 아사히맥주 최악의 경영상태 직면'이었다.

9월 1일의 아사히맥주 사장 취임을 코앞에 둔 1992년 8월 23일, 나는 나가노 현 지노 시에 있는 병원의 집중치료실에 있었다. 병명은 급성췌장염이었다. 그 상태가 계속되면 췌장이 괴사해 70% 이상이 사망에 이른다고 한다. 의사는 반드시 안정을 취해야 한다고 말했다.

며칠 전부터 다테시나에 있는 산장에 틀어박혀 취임연설 초안을 잡느라 신경쓴 것이 화근이었다. 당시 아사히맥주는 1987년 개시한 수퍼드라이의 폭발적인 판매 기세가 꺾여 있었고, 점유율 또한 1988년 정점을 찍은 후 계속

감소세였다. 수퍼드라이의 인기가 맥주 거품처럼 사라졌다는 말도 들려왔다. 성장을 위한 반전의 계기를 다시 한 번 만들어야 하는 상황이었다. 적극적으로 투자해 온 탓에 차입금은 매출액의 약 1.5배인 1조 4천억 엔으로 늘어나 있었다.

1953년경 아사히맥주는 관련업계 1위였으나, 점유율이 계속 떨어졌다. 나의 양아버지도 과거 아사히맥주를 즐겨 마셨는데, 언젠가부터 기린맥주로 바뀌어 있었다. 전체 맥주시장 점유율이 24%에서 1985년 10%까지 떨어졌다. 과장된 표현일지 모르겠으나, 지옥을 경험한 시간이었을 것이다.

그런 고민들 속에서 세토 씨의 복통은 시작되었다. 다음날 아침 우리 병원 응급실로 찾아온 그는 급성췌장염이란 진단을 받았다. 지병인 담석이 원인이었다.

급성췌장염이 중증일 경우 췌장액이 복부로 누출된다. 췌장액은 장기를 녹이는 작용을 하므로, 급성췌장염에 의한 복막염으로 발전하면 생명이 위태로웠다.

하지만 그는 사장 취임식에 참석하려는 의지를 꺾지 않았다. 주치의에게 도쿄로 가게 해달라고 사정했다.

"안 됩니다. 그렇게 하면 죽습니다."

"부탁드립니다."

"무슨 까닭이라도 있습니까?"

"9월 1일 사장 취임식이 있습니다."

혼자 판단을 내리기 어렵다고 생각한 주치의는 병원장과 의논했다. 내 이야기를 들은 원장이 이렇게 말했다.

"당신 인생에서 그토록 소중한 일이라고 하니, 그렇게 하십시오."

그 분의 성함은 가마타 미노루였다. 나중에 알게 되었지만, 무척 유명한 의사셨다.

며칠 뒤 나는 간호사가 동석한 앰뷸런스를 타고 도쿄에 있는 병원으로 향했다.

계속 링거만 맞아서인지 그의 뺨은 홀쭉해졌다. 취임식날 아침에도 링거를 맞은 채 취임사를 했다고 한다.

나는 언제나 '나라면 어떻게 할까?'를 생각하며 환자들을 대한다. 세토 씨에 대해서도 마찬가지였다. 그러한 입장에 선다면 나 역시 도쿄로 가려 했을 것이다. 위기상황에 빠진 회사를 맡아 자신의 강력한 메시지를 예정대로 전달하고 싶지 않겠는가? 만에 하나 급성 췌장염에 의한 복막염이 일어난다 해도, 그건 그때 일이다. 아마 나라면 그렇게 생각하고 행동했을 것이다.

살다 보면 리스크를 염두에 두지 않아도 좋을 때가 있다. 위험 요소를 제대로 파악하고 돌파해 나가면 그만이다. 그 뒤에 어떤 일이 벌어지더라도 기꺼이 받아들일 수 있다. 대응책을 잘 세우면 되는 것이다.

세토 유조 씨는 사장에 취임한 뒤 맥주의 신선도에 역점을 두었다. '프레시 매니지먼트Fresh Management'라 이름 붙이고, 제조에서 물류에 이르기까지 대대적인 개혁을 추진했다. 그리하여 맥주 점유율을 업계 상위권으로 끌어올렸다.

나로서는 위험한 선택이었지만, 만반의 준비를 하고 사장 취임사를 강행토록 한 보람이 느껴졌다.

한평생 살다 보면 한두 번쯤은 건강이나 목숨보다 소중한 것과 직면하게 된다. 안정적인 것만 추구하는 인생은 빛나기 어렵다. 절체절명의 갈림길에 서 있다면 진정으로 하고 싶은 것을 해야 한다.

한 번뿐인 인생인데, 안정만 좇는 건 너무 무미건조하지 않을까? 선택의 기로에서 성공확률을 미리 알 수 있다면, 아마도 낮은 쪽이 더 재미있을 것이다. 가능성이 낮은 상황에서 성공을 거둔다면 자신감은 훨씬 커질 것이다. 만에 하나 실패할지라도 그것을 받아들이기가 더 쉬워진다. 그러한 실패를 발판 삼아 재기할 수도 있다.

나는 그런 생각 속에서 안전한 길이 아닌, 리스크 많은 길을 스스로 선택하며 인생을 살아왔다.

세상을 떠난 후
보내온 편지

:

생명체는 죽는다고 끝이 아니다. 죽음 뒤에도 계속 이어진다. 살아 있는 동안의 '상대방을 생각하는 마음'은 언제 어디서나 통한다. 저승과 이승 사이도 그렇게 통하고 있다.

죽음을 불길하게 여겨 떠올리기조차 싫다는 사람들이 많다. 하지만 나는 오랫동안 죽음에 대해 고찰해 왔다. 죽음은 결코 단순하지 않다. 복잡다단하다. 그러므로 두려움 가운데 두려워하지 않는 마음이 중요하다. 죽음이 다가와도 크게 신경쓰지 말아야 한다. 두려움 속에서 앞으로 나아가면 된다.

'1%의 가능성'은 신비롭다. '1%밖에 없다'고 생각하는 대신, '1%나 있다'고 생각하면 새로운 길이 열린다.

누군가 다른 이를 위하는 마음에는 그와 관련된 사람들과 사회, 지역을 바꾸는 힘이 있다. 이 세상을 조금이라도 아름답게 만드는 힘이 있다.

두려워하지 말고 누군가 다른 사람을 위해서라고 생각하면 된다. 필요한 것은 사랑과 배려이다. '상대방을 생각하는 마음'이 가장 우선되어야 한다.

'1%밖에'라고 생각하지 않는 태도

야야코 씨가 나에게 편지를 보내왔다. 유방암이 상당히 진행된 30대 여성이었다. 강연회가 끝난 후 그녀의 병에 관해 상담한 적이 있었다. 우리의 인연은 단지 그것뿐이었는데, 어느 날 편지가 온 것이다.

선생님.
여러모로 조언해 주시고, 저에게 꿈을 갖게 해주셔서 고맙습니다.
제게 주어진 시간은 비록 남들보다 짧았지만, 마음이 풍요로운 사람들과 행복하게 살았던 것 같습니다. 그리고 마지막 순간을 집에서 평온하게 맞이할 수 있었답니다.

선생님께서 쓰신 책을 읽으며 제 마음은 더욱 여유롭고 편해졌습니다. 그저 감사드릴 뿐입니다.

야야코 드림

PS. 선생님께서 이 편지를 받아볼 즈음엔 이미 이 세상 사람이 아닐 거예요. 제가 죽은 뒤 이 편지를 부쳐달라고 했거든요.

나는 우두커니 편지에 쓰여진 글자들을 바라보았다. 그녀가 이미 세상을 떠난 현실을 이해하기까지 조금 시간이 걸렸다.

그러던 중 갑자기 어떤 기척이 느껴졌다.

가만히 뒤를 돌아보았다. 아무도 없었다.

이별의 편지를 따라 야야코 씨가 작별인사를 하러 온 듯한 느낌이 들었다.

나는 영혼의 존재를 믿지 않는 사람이다. 영혼을 쉽게 느낄 만큼 영적 능력이 뛰어난 사람도 아니다. 하지만 우리의 인식체계를 뛰어넘는 위대한 존재가 있지 않을까 하는 생각은 갖고 있다. 사람이 죽는다고 모든 게 소멸되지는 않는다는 것이다.

중요한 건 세상을 떠나간 사람을 잊지 않는 일이다. 그렇게 함으로써 이승에서나 저승에서 서로를 이어주는 무언가가 존재하는 게 아닐까? 생전에 야야코 씨는 따뜻하면서도 부드러운 공기를 몰고

다니는 사람이었다.

그녀의 상태는 심각했다. 재발을 반복했고, 전이도 있었다. 그러나 유방암은 그때부터가 본 게임인 셈이다. 다른 암의 경우 재발이나 전이가 일어나면 무력감을 느끼게 된다. 하지만 유방암은 그때부터 좋아지는 경우가 종종 있었다.

그래서 나는 유방암이나 대장암 환자를 만나면, 상태가 꽤 진행되어 있더라도 "최대한 노력해 보는 게 어떻겠습니까?"라고 이야기한다.

야야코 씨에게도 마찬가지였다. 나 같으면 적극적으로 치료를 받겠노라고 이야기했다. 그러면서 "괜찮으실 거예요"라는 말을 몇 번이나 반복했다.

당시의 내 이야기를 야야코 씨가 믿고 따라준 것이다. 하지만 큰 도움을 못 준 것 같아 미안한 마음을 떨치기 어려웠다. 천국에서 온 편지를 읽으며 나는 두 손을 모았다.

봉투 안에는 야야코 씨의 남편이 쓴 편지도 함께 들어 있었다.

처음 뵙겠습니다.

야야코의 남편입니다.

이번 달에 아내가 세상을 떠났습니다. 그런데 유품 가운데 선생님께 전해달라는 편지가 있더군요. 그 편지를 보내드립니다.

아내는 암과 정면으로 맞섰습니다.

죽음으로부터 도망치지 않았어요.

저와 8세, 5세의 두 아들에게 여러 가지를 남겨주려 참으로 열심히 살았습니다.

그래서였나?

그래서 죽음을 코앞에 둔 소중한 시간에 나에게 편지를 쓴 것인가?

보건사였던 그녀는 자신의 상태를 명확히 파악하고 있었다. 치료받더라도 회복될 확률이 매우 낮다는 사실 또한 잘 알고 있었다.

그런 상황에서 그녀는 내게 이렇게 말했었다.

"저 혼자라면, 몇 달 더 살겠다고 고통스런 치료를 받기보다 남은 시간을 마음 편하게 지내는 쪽으로 선택했을 겁니다. 그러나 저에게는 남편과 아직 어린 아이들이 있습니다. 그래서 살아남을 가능성이 1%라도 있다면, 어떤 방법이든 써보겠노라 결심했어요. 암 앞에서 무작정 손을 놓고 있을 수만은 없으니까요. 조금이라도 더 살아 남편과 아이들에게 가능한 모든 것을 해주고 싶습니다."

완치 가능성이 1%도 안 된다는 점을 그녀는 알고 있었다. 하지만 어린 자식들과 시간을 더 보내고자 항암치료의 고통을 견뎌냈다. 자신을 위해서가 아니라 남겨두고 떠나야 하는 아이들과 남편을 위해서였다.

남편의 편지에 따르면, 마지막까지 포기하지 않고 힘든 치료를 계속 받았다고 한다. 비록 30여 년의 짧은 삶이었지만, 그녀는 자신에게 주어진 시간을 끝까지 당당하게 살아냈다.

내가 아닌 누군가를 소중히 생각하는 마음

야야코 씨가 나와 이야기할 수 있도록 옆에서 애써준 직장 동료들이 있었다. 그들의 소망대로 조금이라도 더 살기 위해 노력한 야야코 씨. 아내의 유언대로 나에게 정중한 편지를 보내준 남편. 그들 모두가 자기 자신이 아니라 주변의 누군가를 위해 열심히 살았다.

그런 사람들의 친절함이 한데 어우러진 공기가 편지에서 느껴졌고, 그 온화함이 나를 감싸는 듯했다. 마치 내 뒤에 야야코 씨가 서 있는 것 같았다. 남편의 편지는 이렇게 끝을 맺었다.

아내를 떠나보내 정말 슬픕니다.

하지만 제게는 보물과도 같은 두 아이가 남아 있습니다. 그 소중한 아이들을 키우며, 긍정적으로 세상을 살아나가려 합니다.

갑작스런 편지에 당황하지 않으셨는지 모르겠습니다.

저 또한 감사의 말씀을 꼭 드리고 싶었습니다.

고맙습니다.

나는 젖은 눈으로 답장을 쓰기 시작했다.

보내주신 편지, 잘 받았습니다.

매우 슬프군요. 힘이 되어 드리지 못해 죄송합니다.

야야코 씨의 친절과 배려에 감사드립니다. 그다지 도움이 못 된 저에게까지 마음을 써주셨네요.

몇 번씩 반복해 읽으셨다는 제 책도, 만났을 때 나눈 제 이야기도, 악수를 나눈 제 손도 야야코 씨에게 큰 힘이 못 되었다는 생각에 면목이 없습니다.

부디 두 보물이 쑥쑥 자라나기를 기원합니다.

고통스런 상황일 텐데 이렇게 배려해 주시다니, 어떻게 감사의 말을 드려야 할지 모르겠네요.

정말 고맙습니다.

천국에 계실 야야코 씨.

보내주신 편지, 잘 받았습니다.

슬퍼요. 슬픕니다.

이렇게까지 마음을 써주시다니요.

정말 고맙습니다.

그동안 암과 싸우느라 수고하셨습니다.

뒤로 물러서지 않는, 훌륭한 싸움이었습니다.

이제는 평안하시기를.

아마도 내 마음이 동요된 상태였기 때문이었을 것이다. 슬프다는 단어가 여러 차례 들어가고, 글자도 매우 커져 있었다.

심호흡이
상황을 바꾼다

숨을 깊이 들이마시고 크게 내쉬면 허파에 공기가 가득 차 깊고 좋은 호흡이 된다. 그리하여 부교감신경이 자극받는다. 현대는 스트레스 사회로, 교감신경이 바짝 긴장하기 쉬운 환경이다. 잘 사는 사람은 부교감신경에 하루에도 여러 차례 자극을 준다.

부교감신경이 자극을 받으면 마음이 차분해진다. 분노심도 가라앉는다. 혈관은 확장되고, 순환이 좋아지며, 혈압이 떨어지고, 림프구가 늘어난다. 면역력도 올라간다. 살아갈 힘을 얻는 것이다. 자연살해세포 natural killer cell가 늘어나 암에도 잘 걸리지 않게 된다.

살다 보면 극한의 상황에 몰릴 때가 있다. 그럴 때는 심호흡을 해 보자. 숨을 깊이 들이마시고 그걸 다시 뱉어낸다. 뭔가 싫은 기분을 전부 배출하는 것이다. 그러면 공기가 바뀌기 시작한다. '다음번 숨을 들이쉴 때는 좋은 일이 생길 거야'라고 생각해 보자. 몸과 마음은 연결되어 있다.

심호흡이든 한숨이든 상관없다. 어느 쪽이든 상황을 바꾸는 계기가 된다. 몸을 리셋reset하는 방법을 알면 마음의 재충전은 간단하다.

소중한 사람과 나누려는 마음

아침 7시, '띵동' 하며 초인종이 울렸다.

문을 열자, 우리집 앞의 밭에서 농사를 짓는 할아버지가 풀죽은 모습으로 서 있었다.

"선생님, 누가 훔쳐갔어요."

나는 그 이야기를 듣고 깜짝 놀랐다. 누가, 무얼 훔쳐갔다는 것일까?

할아버지의 밭 옆에는 주물공장이 있었다. 하지만 4년 전 일을 접은 탓에, 공장은 들고양이 차지가 되어 있다. 사람에게나 동물에게나 친절한 할아버지가 고양이들에게 먹이를 주다 보니 어느새 들고양이 천지가 된 것이다. 햇빛이 잘 드는 날이면 내 차의 보닛 위로

고양이 여러 마리가 올라가 일광욕을 즐기기도 했다.

공장 안에 값나가는 기계는 전혀 없었다. 그렇다면 대체 무엇을 도둑맞았다는 것일까?

"두릅요, 두릅!"

할아버지는 그렇게 말한 후 다시 시무룩한 표정을 지었다.

"선생님께 제일 먼저 두릅을 드리고 싶었어요. 조금만 더 지나면 먹을 수 있겠다 싶었는데……. 선생님께서 두릅 튀김을 좋아하시잖아요. 그래서 지난 며칠 동안 새벽마다 와서 살펴보곤 했었어요. 오늘 아침도 마찬가지구요. 그런데 이렇게 도둑을 맞고 말았지 뭐예요."

도대체 누가 이런 짓을 하는지 모르겠다며 할아버지는 잔뜩 화가 나 있었다.

"요즘 계속 새벽 2시 반에서 3시 사이에 일어나, 두릅나무가 내다보이는 책상에서 원고를 썼는데도 알아차리지 못했네요. 죄송해요."

나는 변명이라도 하듯 말했다.

그러자 할아버지가 후우 하고 한숨을 내쉬었다. 나도 그런 할아버지를 따라 후우 하고 한숨을 쉬었다.

할아버지는 88세의 나이에도 건강을 잘 유지하고 있다. 늘 누군가를 위해 애쓰기 때문이 아닐까 싶다.

"어쩔 수 없죠. 두릅이 더 자랄 때까지 기다리는 수밖에요."

할아버지는 못내 아쉬운 표정을 지으며 그렇게 말씀하셨다.

할아버지가 밭에서 재배하는 무는 유기농으로 맛이 기가 막히다. 우리집에서는 나눠주신 무를 채썰어 된장과 마요네즈를 섞어 만든 소스를 끼얹어 먹는다. 그때마다 얼마나 행복한지 모른다.

할아버지는 토마토도 필요한 만큼 따가라고 말씀하신다. 막 뽑아낸 시금치는 또 얼마나 부드럽고 싱싱한지……. 지나가던 사람이 할아버지네 채소를 보고 감탄하면 "맛이나 보라"면서 손짓하곤 했다.

혹시 누군가 병든 어머니께 드리려고 두릅을 따갔는지도 모른다. 할아버지께 미리 사정을 말했다면 틀림없이 그렇게 하라고 하셨을 것이다. 충분히 그러고도 남을 분이었다. 우리집은 그런 할아버지께 신선하고 건강에 좋은 채소를 듬뿍 얻어먹으며 지낸다.

가을이 되면 나가노 사람들은 지고보(그물버섯류의 속칭-옮긴이)를 따러 산에 올라간다. 기분 나쁜 겉모습 때문에 외면당하기 십상이지만, 인체에 유익할 뿐만 아니라 맛도 대단히 좋았다. 할아버지는 가장 먼저 딴 지고보를 우리집에 가져다주곤 했다. 나는 나가노 출신이 아니지만, 누구보다 지고보의 맛을 즐기는 사람이 되었다.

된장국에 지고보를 넣으면 국물이 훌륭한 맛을 낸다. 그래서 나가노에서는 가을이 오면 누구나 한 번쯤 지고보 된장국을 먹고 싶어했다. 그러나 독버섯 같은 모습 때문에 마트에서는 좀처럼 찾아보기가 어렵다. 즉, 유통이 되지 않는 것이다. 결국 지고보를 먹으려면 직접 산으로 가야 했다. 그래서 값도 매우 비쌌다.

어느 날, 우리 병원 완화치료 병동에 입원한 말기암 할아버지 한 분이 "지고보가 먹고 싶네"라고 중얼거렸다.

그 소리를 들은 간호사들은 어떻게든 소원을 이루어 드리고 싶은 마음에 조를 짜서 버섯 채취에 나섰다. 그러나 이미 늦가을에 접어들어 있었다. 결국 지고보를 따지 못한 채 모두가 한숨을 쉬며 돌아왔다.

그런데 그 병동의 간호팀장은 포기하지 않았다. 1%의 힘이 얼마나 위대한지 잘 알고 있었다. 시한부 3개월 판정을 받은 사람이 건강을 회복해 몇 년씩이나 생명을 연장한 말기암 환자를 여럿 보았다. 오묘한 생명의 신비를 경험적으로 알고 있었던 것이다.

1%의 기적을 실현하기 위해서는 필요조건이 있다. '살고 싶다' '살아서 행복하다'는 생각이 필요하다. 간호팀장은 지고보가 그 환자의 '살고 싶다'는 의지를 강화시켜 줄지도 모른다고 판단했다.

포기하지 않으면 불가능한 상황에서도 희망이 싹트는 법이다. 눈이 내리기 전까지는 지고보를 만날 확률이 전혀 없지는 않다고 확신했다. 환자를 사랑하는 마음이 그녀를 움직였고, 기꺼이 산에 올랐다.

그리고 마침내 낙엽 밑에 숨어 있던 지고보를 찾아냈다. 그녀는 정성껏 버섯을 채취해 지고보 된장국을 끓인 후 할아버지를 비롯한 병동의 환자들에게 나눠주었다.

그 후 할아버지가 나에게 편지를 보내왔다.

어찌나 기쁘던지 눈물을 흘리며 지고보 된장국을 먹었습니다.
이 병원에 오게 되어 천만다행이라는 생각이 듭니다.
이제 후회되는 것이 아무것도 남아 있지 않습니다.
선생님, 항상 친절히 대해 주셔서 정말 고맙습니다.

서툴지만 손글씨로 쓴 편지였다.

완화치료 병동의 간호팀장은 일반적인 렌즈와는 굴절율이 조금 다른 렌즈를 통해 고통받는 사람의 마음을 살펴볼 줄 알았다. 그저 1%만 다른 관점을 가지면 된다. 그러면 곤란한 상황에 놓인 환자의 마음속 풍경이 보인다. 친절이란 다른 사람에 대한 상상력 아니던가?

"인간은 자신들이 만든 도구의 도구로 전락해 버리고 말았다."

이는 헨리 데이비드 소로Henry David Thoreau가 쓴 『월든』에 나오는 말이다.

나는 한때 소로의 사상에 흠뻑 빠져들었다. 그의 책들은 나의 나가노 행에도 큰 영향을 끼쳤다.

하버드 대학을 졸업한 엘리트였던 소로는 자유와 인간다움을 찾아 월든 호숫가에서 생활하며 자신을 성찰했다. 그리고 질문을 던졌다. 우리는 우리가 만든 근대적 도구에 매이는 생활을 하고 있지 않은가?

나는 그동안 컴퓨터나 휴대전화 같은 삶의 도구로 전락하지 않으려고 노력해 왔다. 정신적으로 가치 있는 직업을 가지려면 매뉴얼 인간이 되어선 안 된다. 인간이 만든 제도의 도구가 되지 않도록 의도적으로 애써야 한다. 생활 속에 따뜻한 피가 통해야 한다.

인간이 만든 도구의 도구가 될 것 같거든 숨을 크게 내쉬어보자. 자기다움을 찾아보자. 삶의 방식을 바꾸려 할 때 심호흡은 어떤 계기를 만들어준다. 우리 동네 할아버지와 간호팀장 같은 사람들의 공통점은 도구로 전락하지 않고 누군가를 위해 살아가려는 인간다움 아닐까?

언제 어디서든 '지금 여기에' 내가 있다. 나는 몸과 마음을 지닌 인간이다. 몸이 피곤하면 마음이 좋은 자극을 주면 된다. 마음이 피곤

하면 몸을 리셋하면 된다.

   단순한 도구가 아닌, 주체적인 내가 있다고 생각하며 살아가는 것이야말로 매력적인 일 아닌가?

'우선 1%'
악에서 선으로

∴

인간의 내면에는 선과 악, 냉정과 열정 등 다양한 요소가 뒤섞여 있다. 그처럼 혼재되어 좋은 점도 있다. 악이 존재함으로써 인간의 강인함 혹은 삶의 깊이가 드러나기 때문이다.

아돌프 히틀러Adolf Hitler 혼자서 600만 명이나 되는 유태인을 학살한 것이 아니다. 그를 지지하는 나치뿐만 아니라, 알면서도 모른 척하던 독일 국민들이 있었기에 그런 만행을 저지를 수 있었다. 그런데 그토록 끔찍한 일을 당한 유태인들이 이번에는 팔레스타인 사람들을 학살하고 있다.

인간의 마음을 이해하기란 참으로 어렵다. 내 마음 속에도 괴물이 존재하고 있을지 모른다. 나 역시 어리석고 이기적인 마음을 전부 이겨내지는 못하고 살아간다. 그렇지만 일단 1%라도 악에서 선으로, 냉정에서 열정으로 나를 바꿔가고 싶다.

이미 몸에 익숙한 행동양식을 바꾸기란 쉬운 일이 아니다. 하지만 계기가 주어지면 틀림없이 바꿀 수 있다고 믿는다. 마음을 바꾸기 전에 행동양식을 1%라도 바꾸는 것이 중요하다.

인간의 마음은 언젠가는 바뀔 수 있다. 나는 그렇게 믿는다.

인간의 잔인성이 빚어낸 비극

때때로 인간은 터무니없이 끔찍하고 비열한 행동이나 어처구니없는 거짓말을 하기도 한다.

2014년 4월 아프리카에서 큰 사건이 벌어졌다. 나이지리아 북부 도시에서 200여 명의 여자아이들이 유괴당한 것이다. 보코하람Boko Haram(서구식 교육은 죄악이라는 뜻을 담고 있음—옮긴이)이라는 이슬람 과격파의 소행이었다.

나이지리아 경제는 현재 비약적으로 발전하고 있다. 이미 남아프리카공화국을 넘어서 아프리카 최대 경제대국으로 발돋움 중이다. 그런 곳에서 무슨 일이 벌어지고 있는 것일까?

나이지리아 남부는 기독교도가 많으며, 비즈니스 기회가 증가해 고용이 늘어나고 생활이 안정되어 있다. 반면, 이슬람교도가 사는 북쪽은 일자리가 없어 빈곤층이 갈수록 늘어나고 있다.

보코하람은 서양식 교육을 거부하고 나이지리아의 현 정권에 비판적인 무장 테러조직이다. 2014년 5월 그들은 나이지리아 북동부 도시를 습격해 100명이 훨씬 넘는 사람들을 학살했다. 그런가 하면 아홉 살에 불과한 여자아이를 조직원의 성노리개로 삼거나 노예로 팔아치우겠다고 떠들어댄다. 어째서 인간은 이렇게까지 참혹하고 파괴적이고 잔인한 성격을 갖게 되었을까?

한편 아프가니스탄에서는 양귀비 재배가 다시 기승을 부리고 있다. 그곳은 세계에서 가장 큰 규모의 양귀비 생산지이다. 이렇게 만들어진 마약이 세계 각지로 흘러들어가 수많은 사람들의 인생을 망치고 있다.

마약 재배가 이처럼 성행하는 까닭은, 전쟁으로 생활터전을 잃은 농민들이 먹고살기 위해 시작한 측면이 강하다. 한편으로, 사는 데 지친 수많은 사람들이 마약의 유혹에 넘어가고 있다고도 할 수 있겠다.

전쟁은 또 다른 비극을 낳는다. 그러므로 폭력과 전쟁은 절대로 용서해서는 안 된다.

탈레반 세력과 마피아는 마약을 발판 삼아 전세계에 비극의 씨앗을 뿌려대기 시작했다. 탈레반은 무기를 구입해 세계 각지에서 테러를 자행하고 있다.

혹시 그런 일들이 우리와는 관계없는 일이라고 생각하는가? 하지만 우리라고 다를 게 없다. 도처에 사악한 마음이 도사리고 있다.

얼마전 세 살짜리 아들 목에 개목걸이를 채우고 집안에 가둔 27세 아버지와 23세 어머니가 세상을 깜짝 놀라게 만들었다. 부부는 각각 징역 1년 6개월, 집행유예 3년의 유죄판결을 받았다. 두 사람이 제대로 반성하기를 바란다.

그 아들은 어쩌면 보호시설에서 생활하는 편이 더 나을지도 모른다. 그러나 부모가 개심해 아들을 사랑으로 양육한다면 그보다 좋은 일이 없을 것이다.

한편, 이런 부모를 보살피고 관리하는 지역활동이 필요하다. 모두가 힘을 합쳐 아이의 성장을 돕고 지켜봐야 한다.

또 다른 사례를 살펴보자.

JTB추부中部라는 운수회사에서 근무하는 한 남자가 예정되어 있던 고등학교의 소풍용 차량을 미처 준비하지 못했다. 그러자 그는 자신의 실수를 감추기 위해 터무니없는 거짓말을 지어냈다. 마치 그 학교 학생인 것처럼 행세하며 "소풍을 취소하지 않으면 자살하겠다"는 편지를 보낸 것이다.

이 얼마나 어리석은 행동인가? 처음의 사소한(?) 실수는 한 바퀴 구르다 보니 중차대한 사건으로 발전하고 말았다.

학교에서는 급히 그 학생의 안위를 확인했다. 그리고 소풍을 취소할 이유가 없다는 결론을 내렸다. 하지만 소풍용 차량이 준비되어 있지 않았다. 결국 사건의 전말이 세상에 드러났다.

운수회사 직원의 행동은 들통날 수밖에 없는 뻔한 거짓말이다. 게다가 자살하겠다는 식의 수법 역시 유치하기 그지없다. 당장의 어려움만 모면하면 된다는 수준 낮은 생각이 아닐 수 없다.

마음의 1% 여유

나는 이런 일들을 어떻게 하면 개선할 수 있을지 고민했다. 그리고 몇 가지 아이디어를 떠올렸다.

얼마전 바르셀로나 축구팀에서 활동하고 있는 브라질 대표선수 아우베스에게 누군가가 경기 도중 바나나를 던지는 일이 벌어졌다. 아우베스는 흑인인데, 원숭이에게 먹이를 주는 흉내를 낸 것이다. 상대팀 응원단 중 누군가가 맹활약 중인 아우베스를 약올리기 위해 벌인 행동이었다.

하지만 아우베스는 '차별'을 '유머'로 승화시켜 단숨에 분위기를 반

전시켰다. 그 바나나를 맛있게 먹은
뒤 경기에 전념하는 모습을 보여준
것이다. 아우베스의 활약에 힘입어
소속 팀은 결국 역전승을 거두었다.

그 뒤로 아우베스를 응원하는 축
구선수들이 줄을 이었다. 많은 동
료들이 바나나를 먹는 자신의 사진을
SNS에 올렸다. 아우베스의 행동을 칭찬하고 응원하는 퍼포먼스가
한동안 계속되었다.

아우베스가 바나나를 먹은 행동은 우리에게 근사한 아이디어를
제시한다. 상대방의 부정적인 행동을 진짜로 받아들이지 않는 것이
다. 대수롭지 않게 생각하고 유머로 응대하면, 그렇게 행동한 사람
이 얼마나 어리석은지가 바로 드러난다. 진정으로 현명한 것이 무엇
인지를 알 수 있게 하는 행동이다.

1%라도 좋으니 늘 마음속에 여유를 지녀야 한다. 도발해 오는 상
대에게 직선적으로 대응하지 말고 받은 공을 변화구로 돌려보내도
록 노력하자.

또 한 가지 예를 들어보자. 유학 중이던 한국인 청년 이수현이 도
쿄의 신오쿠보 역에서 선로에 떨어진 일본인을 구하려다 목숨을 잃

었다. 인간은 그런 이타적인 행동을 할 수 있는 존재이다. 물론 그렇게 하기란 쉽지 않다. 이수현 씨의 행동은 그야말로 숭고함의 정수라고 할 수 있겠다.

작은 도발에도 보란 듯이 악다구니를 쓰며 상대의 뜻대로 끌려가서는 안 된다.

사람은 상대방의 입장을 헤아리게 되면 훨씬 유연해진다. 어려움에 처한 사람에게 도움의 손길을 내밀 수 있다.

그러려면 어떻게 해야 할까? 나는 교육에 답이 있다고 생각한다.

보코하람이 그토록 잔인하게 행동하는 까닭은 제대로 교육받지 못했기 때문이다. 나이지리아는 비약적으로 발전했지만, 남쪽 지역만 부유해졌을 뿐이다. 이슬람교도가 많은 북부는 발전을 이루지 못했고, 교육 기회도 거의 없다. 일자리가 없어 빈곤이 계속되고, 그러다 보니 교육도 제대로 이루어지지 못하고 있다. 이것이 보코하람 세력이 확산되는 근본적인 이유 아닐까?

보코하람의 행동은 도저히 용서받을 수 없다. 마땅히 지구상에서 추방해야 한다. 동시에 제2의 보코하람이 나타나지 않도록 교육시켜야 한다.

인간이라는 존재는 선함과 악함을 동시에 지니고 있다. 나도 마찬가지다. 따라서 악한 마음을 억누르려면 교육이 중요하다.

심리학자 에리히 프롬Erich Fromm은 세계적인 명저 『악에 대하여』에서 '인간은 무시무시한 세계 속에 고독하게 서 있는 이방인'이라고 했다. 그러한 고독 때문에 마음의 균형을 잃기 쉽다. 이를 막기 위해서는 통합감, 일체감, 소속감이 중요하다고 그는 말한다. 인간은 약하기 때문에 서로 연결되어 살아야 한다.

잘못을 저지른 사람을 쫓아내는 게 능사가 아니다. 그를 밀어낸다고 해서 문제가 해결되지는 않는다. 느슨하게 연대하며 악에서 선으로 아주 조금씩 바꿔가야 한다.

또 하나는 사람을 보는 눈이다. 상대방을 미워하고 원망해 봤자 달라지는 것은 아무것도 없다.

2011년 노르웨이 우퇴위아 섬에서 32세의 극우주의자 아네르스 베링 브레이비크가 무차별적으로 총기를 난사하는 참사가 벌어졌다. 그때 노르웨이 수상은 이렇게 말했다.

"악이 사람을 죽일 수 있을지언정, 사람을 정복할 수는 없습니다."

노르웨이는 사형제도가 없는 나라이므로, 범인은 21년 금고형을 선고받았다. 그리하여 지금도 여전히 살아 있다.

유족들은 "그가 사형당하지 않아도 괜찮다. 다만 그런 일이 다시는 벌어지지 않는 사회로 만들어 나가야 한다"고 입을 모았다.

총격현장에서 살아남은 한 소녀는 이렇게 말했다.

"그렇게까지 증오심을 표출하다니……. 우리는 인간을 얼마나 사랑할 수 있는지 보여주어야 합니다."

인간은 참으로 대단한 존재이다. 자기애가 천성적으로 강하지만, '얼마나 인간을 사랑할 수 있는지'에 대해서도 똑똑히 보여주고 싶다. 1% 누군가를 위하는 삶은 인간을 선한 존재로 바꿔나갈 수 있다.

제5장

'누군가를 위한 1%'가
인생을 바꾼다

사람들이 1%씩 누군가를 위해 살기 시작한다면, 그 1%가 엄청난 힘을 발휘할 것이다.
그로 인해 세상이 바뀔 수도 있다.
또한 모두의 삶이 조금 더 윤택해질 것이다.

인간의 새로운 규정, '호모 러브엔스'

:

인간을 '사랑' 혹은 '러브'라는 신비한 행동을 하는 동물로 받아들이는 순간, 새로운 인생이 펼쳐진다.

현생 인류의 조상 호모 사피엔스는 '지혜로운 사람'이라는 뜻을 갖고 있다. 이들은 뇌의 용적이 커지면서 지능을 무기 삼아 아프리카 사바나에서 생존할 수 있었다.

인간은 또한 호모 루덴스라고 불리기도 한다. 호모 루덴스는 '놀이하는 인간'이란 뜻을 지니는데, 지치지 않는 호기심으로 아프리카를 벗어나는 데 성공해 마침내 전세계로 활동범위를 넓혔다.

우리가 어떤 존재인가 하는 물음에 대해, 나는 '호모 러브엔스homo

lovens'라고 대답한다. 이것은 내가 생각해낸 조어이다.

인간은 지혜가 있을 뿐만 아니라 사랑할 줄 아는 동물이기도 하다. 사람을 사랑하고, 사람에게 친절하고, 사람을 소중히 여긴다. 그런 삶의 태도를 취하다 보면 인생이 더욱 깊어진다.

사고방식을 1%쯤 바꾸는 것은 누구라도 가능하다. 호모 러브엔스는 '사랑'을 알기 때문에 누군가를 위해 살 수 있는 것이다.

1% 의도에서 시작된 인류 최초의 이타적 행위

'우리는 어디에서 왔는가?'
'우리는 어떤 존재인가?'
'우리는 어디로 가는가?'

나는 이런 문제들을 줄곧 생각하며 세계를 여행했다.

440만 년 전의 라미두스 원인猿人을 보기 위해 에티오피아에도 다녀왔다. 침팬지나 원인의 수컷에 특징적으로 나타나던 개이빨이 그 무렵부터 보이지 않게 되었다. 라미두스 원인에게서 커다란 개이빨이 사라진 이유는 무엇일까? 당시에는 수컷끼리 싸워 이기든지, 암컷에게 폭력적으로 덤벼들어 본능에 따라 자손을 번식시켰다.

700만 년 전 인류의 조상이 아프리카 사바나에 출현했다. 지금까지의 포유류와 결정적으로 다른 점은 두 다리로 직립보행을 하는 것이었다.

미국 켄트 주립대학 오웬 러브조이 박사가 주장한 '선물present 가설'이라는 것이 있다. 두 다리로 직립보행을 함으로써, 인류는 자유로워진 손으로 과일이나 나무열매를 따서 옮기고 비축하는 법을 터득했다.

짝을 얻기 위해 수컷끼리 격렬하게 투쟁했던 데서 이제는 먹을 것을 제공함으로써 원하는 결과를 얻게 되었다는 것이 그 가설의 핵심적인 내용이다. 이것이 사랑의 시작이다. 그때까지의 인류에게서 보이지 않던 행동을 시작했다고 할 수 있다.

이것은 이타적인 행동이다. 누군가에게 무언가를 베푸는 행위의 이면에는 짝을 구하려는 속내가 도사리고 있었다. 1%의 의도를 충족시키기 위해 선물이라는 이타적 행동을 한 것이다.

이를 불순하게 여기는 사람도 있지만, 나는 그렇게 생각하지 않는다. 이성을 보고 애태우는 감정은 결코 불순하다고 할 수 없다. 오히려 정직하고 순수하다. 인간이기 때문에 마음을 졸이는 것이다.

정념이 마그마처럼 움직이며 행동패턴을 바꾸었다. 시상하부의 파충류뇌라 일컬어지는 본능이 움직인 것이다.

'누군가를 위해 무언가를 하는' 최초의 행위가 먹거리의 증여였다니 참 재미있다. 마음이 때로는 물질을 통해 전달된다는 생각이 원시시대부터 있었음을 알 수 있다. 마음에 앞서 물질이나 형태가 있었다는 의미이다. 인류의 조상은 그것으로 사랑이라는 행위를 시작했다.

모든 동물은 이기적이다. 그런데 아주 조금씩 이타적인 행위를 하게 된 것이다. 실로 혁명적인 변화가 아닐 수 없다.

나는 에티오피아를 거쳐 이집트로 건너갔다. 이집트에는 지금부터 3,200년 전 쓰여진, 세계에서 가장 오래된 사랑의 편지가 존재한다. 당시 거대한 권력자였던 람세스 2세가 왕비 네페르타리에게 보낸 것이다.

네페르타리는 클레오파트라, 네페르티티와 함께 이집트의 3대 미녀로 꼽힌다. 사랑의 편지는 왕가의 계곡에 남아 있다.

일설에 따르면, 람세스 2세에게는 약 80명의 아내가 있었다고 한다. 북방 유목민과 투쟁하다 보니 강하고 신뢰할 수 있는 여러 명의 아들을 원했는지도 모른다. 아들이 무려 200명 가까이 되었다고 한다.

람세스 2세는 자기애가 강한 사람이었다. 그가 남긴 아부심벨 신전의 거대한 석상은 놀랍기 짝이 없다. 그러나 권력을 강화하는 과정에서도 네페르타리에 대한 사랑은 변함이 없었다. 사랑하는 사람을 위해 만든 암굴신전 역시 매우 훌륭하다.

하지만 네페르타리는 젊은 나이에 죽고 말았다. 그녀는 나일강 서안西岸에 있는 왕가의 계곡에 묻혔다. 그들에게 나일강 동안東岸은 산 자의 세계, 서안은 죽은 자의 세계로 인식되었다. 많은 권력자들은 부활을 소망하며 거대한 묘를 만들었다.

네페르타리의 묘실에는 이런 글귀가 남아 있다.

내가 사랑하는 사람은 단 한 명뿐.
그 누구도 왕비와 맞서지 못하리라.
나와 함께 지내는 동안 이 여인은 지고한 아름다움을 지니고 있었다.
그리하여 내 영혼을 그만 저 멀리 빼앗아가 버렸다.

람세스는 자신의 영혼을 빼앗겼다고 표현했다. 부와 권력의 정점에 선 사나이가 사랑하는 사람에게 영혼을 빼앗겼다고 말한 것이다. 사랑에는 신비로운 힘이 있음을 제대로 보여준다.

프랑스의 황제 나폴레옹 1세Napoleon Bonaparte 또한 조세핀에게 러브레터를 썼다.

세 번의 키스를 보내오.

그대의 마음과 입술, 그리고 눈동자에.

편지에서 나폴레옹다운 열정이 넘쳐난다. 그는 조세핀에게 왜 편지를 안 하냐며 화를 내기도 했다고 한다. 몇 줄이라도 쓸 수 있지 않느냐면서, 혹시 새로운 애인이 생긴 건 아니냐며 당시 최고권력자였던 그가 위상에 맞지 않는 언행을 했다는 것이다. 호모 러브엔스, 즉 사랑을 하는 동물의 전형적인 모습을 보여준다.

그는 "조심하시오, 조세핀. 어느 맑은 날 밤, 문이 열리고 내가 나타날 것이오"라고 쓰기도 했다. 자칫 의처증으로 의심을 살 만한 태도 아닌가?

"사랑하는 이여. 그대에게서 편지가 오지 않으니 참으로 걱정된다오"라며 그는 글을 끝맺는다. 전쟁터에서의 영웅이 사랑하는 한 여성 앞에서 허둥대고 있다.

나는 그 모습이 참 좋아 보인다.

우주와 이어져 있는 모든 생명체

빅뱅이라 불리는 대폭발로 우주가 만들어졌다. 이때 공간과 시간이 생겨났다. 수많은 별들도 탄생했다.

별에는 탄생과 노화와 죽음이 있다. 무수한 별들이 쏟아낸 수소, 질소, 산소 등의 원자가 생명을 만드는 분자로 전환되었다. 우리도 별에서 떨어져 나온 물질로 만들어져 있다.

우리는 별을 볼 때 무언가 특별한 감정을 느끼곤 한다. 우리의 몸을 구성하는 원자와 분자가 별에서 온 물질로 만들어졌기 때문이다.

지금으로부터 38억 년쯤 전에 태고의 바다에서 생명체가 만들어졌다. 단세포에 대사代謝 기능, 그리고 정보전달 기능이 더해졌다. 바로 유전자이다. 왜 세포 속에 단백질로 이루어진 끈처럼 생긴 염색체가 조합되었는지는 알 수 없다.

대사가 끝나면 세포는 죽는다. 다시 생명이 없는 혹성으로 변할지도 모른다. 그러나 세포 속에 조합된 염색체가 클론 형태로 증식했다. 생명이 계속 이어질 수 있게 된 것이다.

그 즈음 성性이 나타났다. 암과 수의 두 가지이다. 이때부터 사랑이 생겨났다. 신비로운 생명을 영위하는 가운데 사랑의 원점이 형성되었다. 때로 사랑은 제멋대로 달려나간다. 성을 초월하기도 하고, 동성에게 끌리기도 한다. 사랑은 단편적으로 이해할 수 없는 측면이 있다. 그렇기 때문에 인간이 오묘한 것이다.

생명의 탄생은 방법 면에서 다양해지자 더욱 풍요로워졌다. 성이 생명을 계속 탄생시키는 가운데 죽음이라는 현실이 만들어졌다. 두 개의 성이 나타남으로써 기쁨과 안정과 미래를 꿈꾸고 경험하게 되었다. 두 개의 성이 만남으로써 배신과 슬픔과 안타까움이 생겨났다.

생명체가 훨씬 화사해지고, 극적인 부분이 생겨났으며, 슬픔 또한 짙어졌다. 그리고 때로는 잔혹한 일마저 생겨난다. 하지만 그런 과정은 생명체에 매우 소중하다.

모든 생명이 귀하고 중요하므로 슬픔이나 잔혹함까지 받아들여야 한다. 죽음으로 우주의 균형이 유지된다. 우리의 생명을 만드는 원자나 소립자는 빅뱅으로 만들어진 우주 속에서 일정하게 존재한다고 한다.

내가 죽으면 나를 지탱해주던 원자가 어떤 식으로든 다시 우주에서 이용된다. 죽음으로써 새로워지는 것이다. 생명은 이처럼 끊임없이 순환한다.

어떤 죽음이든 특별한 의미를 지닌다. 죽음이 무언가에 도움을 준다고도 할 수 있다.

그런 생각을 하게 되면서 나는 죽음을 두려워하지 않게 되었다.

인간은 사랑을 하는 동물

1914년에 있었던 일이다. 어떤 병사가 부인에게 러브레터를 썼다. 그는 영프해협을 건너 프랑스로 향하는 영국군 수송선에서 편지를 병에 넣어 바다로 던졌다. 병 안에는 아내의 주소와 함께, 누군가 병을 주우면 아내에게 전해달라는 내용도 함께 들어 있었다.

사랑하는 그대에게!
지금 배에서 이 편지를 쓰고 있소.
당신에게 이 편지가 전해질지 모르겠지만,
당신을 향한 내 사랑을 병 속에 담아 바다에 띄웁니다.
사랑하는 이여, 우리 잠시만 이별합시다.

그대를 사랑하는 남편이

짧은 내용의 편지였다. 휴즈라는 이 영국 병사는 편지를 보내고 12일 뒤 프랑스에서 전사했다.

당연하게도 그의 아내는 편지를 받지 못했다. 사랑하는 남편이 편지를 병에 넣어 바다에 던졌다는 사실조차 알지 못했다. 휴즈 병사가 전사했을 당시 그에게는 두 살짜리 딸이 있었다.

그런데 오랜 세월이 흐른 후 기적이 일어났다. 그로부터 85년 후 휴즈가 바다에 띄워 보낸 병이 육지에 도착한 것이다. 그것을 발견한 이는 편지에 적혀 있던 주소지의 여성을 찾아나섰다. 그리하여 휴즈 병사의 딸에게 85년 전의 편지를 전달했다.

이미 휴즈 병사의 부인은 이 세상 사람이 아니었다. 살아 있는 동안 그 편지를 받았다면 얼마나 위로가 되었을까? 하지만 전쟁터라는 극한 상황에서도 가족을 사랑하는 마음이 보는 이의 마음까지 뭉클하게 만든다.

호모 사피엔스는 실로 아름다운 동물이다.

미래를 향해 나아가는 것이 내게는 불가능한 일입니다.
미래를 생각하고 걸려 넘어지는 일이라면 가능합니다.
가장 잘할 수 있는 일은 넘어진 채 그대로 있는 것입니다.

세계적인 명작『변신』을 쓴 프란츠 카프카Franz Kafka의 러브레터이다.

자신의 장점과 능력을 피력하기보다 부족하고 못난 점을 솔직히 표현한 러브레터는 또 얼마나 근사한가?

적극적이고 밝고 유능해야 짝을 만날 수 있다고는 생각지 않는다. 우리는 저마다 부족한 점을 지니고 있다. 그리고 그대로가 좋다. 약하고 결점 많은 인간이기에 사랑이 필요한 것이다.

'이타적인 생활방식'은 사실 이기적인 것

:

사람들이 1%씩 누군가를 위해 살기 시작한다면, 그 1%가 엄청난 힘을 발휘할 것이다. 그로 인해 세상이 바뀔 수도 있다. 또한 모두의 삶이 조금 더 윤택해질 것이다.

나는 이를 '1%의 메커니즘'이라고 표현한다.

바로 '1%의 전략'이다. 1%이기 때문에 확산되기 쉽다. 게다가 누군가를 위한 1%는 돌고 돌아 자기 자신에게 돌아오는 경우가 많다.

숲속에서의 생활을 사랑했던 소로는 "인간은 죽음 앞에서야 비로소 진심으로 살지 못했음을 자각한다"고 썼다. 따라서 후회가 남지 않도록 늘 진심을 다해 살아야 한다고 강조한다.

일단은 형식적으로라도 누군가를 위해 1% 살아보자. 시간이 흐르면 온전히 일을 위해, 지역을 위해, 혹은 사랑하는 사람을 위해 살게 될 것이다.

'1%의 친절'이 출발점

영국 엑스터 대학의 연구에 따르면, 배려 혹은 무상으로 남을 위해 무언가를 하면 매우 특별한 효과가 나타난다고 한다. 질병을 예방하고, 수명을 늘려주며, 스트레스를 줄여주고, 생활의 질을 향상시키며, 마음의 건강을 증진시키고, 신체적 능력까지 향상시켜 준다는 것이다. 이러한 내용은 2013년 8월 의학 전문지 「퍼블릭 헬스 Public Health」에 실렸다.

미국 카네기멜론 대학에서는 나이든 사람이 연간 200시간 이상 자원봉사 활동을 하면 고혈압 위험성이 40% 줄어든다는 연구결과를 발표했다. 뇌 내 신경전달물질 가운데 사람을 행복하게 해주는 호르몬 혹은 배려 호르몬 등으로 불리는 옥시토신Oxytocin에 혈관을 확장시키는 작용이 있기 때문이다. 주변 사람들을 행복하게 하다 보면 바로 그 옥시토신이 분비된다.

초등학생 시절 자존감이 강하고 남을 잘 도와준 아이들이, 고등학생이 되었을 때 더 건강하다는 연구도 있다.

비만이나 그에 동반되는 혈관계 질환이 점점 증가하고 있다. 그것을 예방하기 위해서라도 어렸을 때부터 1%만 상대방의 입장이 되어 생활하는 건 어떨까? 나는 그 방법이 틀림없이 효과를 거둘 거라고 생각한다.

우리 뇌에는 다른 사람의 움직임과 분위기에 동조하려는 거울 뉴런mirror neuron이라는 세포가 있다. 다른 사람을 배려하며 즐겁게 사는 사람을 보면, 자기도 그렇게 되고 싶어진다. 이에 관해 진화론을 주장한 찰스 다윈Charles Darwin은 이렇게 말했다.

"동정적인 개체가 많은 공동체는 번영하며 많은 자손을 남긴다."

누군가를 위해서 행동하는 편이 이기적인 집단보다 번식력이 강하다는 것이다. 인간은 마음을 지닌 동물이기 때문이다. 그렇기 때문에 행동을 예측하거나 판단하기가 매우 어렵다.

또 그런 의지가 있더라도 인간 역시 동물에 속하는지라 다른 사람과 경쟁하며 살아남으려는 본능을 갖고 있다. 그런 의미에서는 이기적인 동물이다.

그러나 오로지 '나'를 중시하며 자기 좋은 쪽으로만 행동할 경우 건강하고 행복하게 살 수 없다는 것이 과학적으로 입증되고 있다.

인류는 자기 자신을 소중히 여기며 '이기적'으로 살아가는 한편,

'이타적'으로 살아가는 방법을 세월 속에서 자연스럽게 터득했다.

1%가 마침내 전부가 되는 순간

나는 세계적인 단편소설 작가 오 헨리(본명 William Sydney Porter)의 작품을 좋아한다. 그는 은행에 근무하다 공금횡령 혐의로 기소당하자 도주했다. 위태로운 느낌이 드는 사람이다. 그렇기 때문에 어떤 면에서는 더 매력적이다.

오 헨리는 아내가 위독하다는 소식을 듣고 집으로 돌아왔다. 보석금을 낸 그는 아내를 정성껏 보살폈다. 하지만 결국 아내는 세상을 떠났고, 그는 유죄판결을 받아 감옥생활을 했다.

그는 나쁜 사람인가, 아닌가? 잘 모르겠다. 분명 나쁜 점도 있고 좋은 점도 있을 것이다. 단지, 그것뿐이다.

그가 감옥에서 소설을 쓰기 시작했다고 하니, 인생이란 참 오묘하다는 생각이 든다. 한 번 무너짐으로써 새로운 인생을 살게 된 것이다.

나는 오 헨리의 작품 가운데 「마지막 잎새」를 가장 좋아한다. 죽음을 앞둔 한 여인이 창문 밖으로 보이는 나뭇잎을 헤아린다. 한 잎 또 한 잎, 초겨울 바람에 나뭇잎이 떨어진다. 그것들이 모두 떨어지면 자신의 삶 또한 끝날 거라고 생각하지만, 나뭇잎 하나가 끝까지 자리를 지킨다. '오늘은 떨어질 거야, 오늘은 떨어질 거야' 하며 그녀는 창 밖의 마지막 잎새를 바라본다.

그런데 바람이 아무리 세게 불어도 나뭇잎은 꿋꿋이 남아 있다. 그런 가운데 그녀는 고비를 넘기고 건강을 회복한다. 그토록 세찬 바람 속에서도 마지막 잎새는 어떻게 떨어지지 않은 걸까?

같은 아파트에 살던 늙은 화가가 그녀를 위해 비바람이 몰아치는 가운데 나뭇잎 한 개를 그려넣은 것이다. 마지막 잎새는 진짜가 아니었다. 하지만 희망 그 자체였다.

인간은 어려움에 처해 있을 때 무엇보다 희망이 필요하다. 꿈과 희망은 자연살해세포를 만들어 면역력을 증대시킨다. 몸과 마음이 연결되어 있기 때문이다.

마지막 잎새는 진짜가 아니었지만, 죽음 앞에 선 한 생명을 구했다. 친절한 거짓말이라고 표현할 수 있을까?

마지막 잎새를 그린 늙은 화가는 언젠가 반드시 걸작을 남기겠다는 꿈을 지니고 살았다. 비록 세계적으로 인정받는 작품은 아니지만, 결국 한 사람의 생명을 구한 멋진 그림을 담벼락에 그렸다. 하지만 폐렴에 걸려 이틀 후 세상을 떠나고 말았다.

100% 누군가를 위해 산다는 건 굉장한 일이다. 아무나 할 수 없는 일이다.

처음에는 가벼운 마음으로 시작했을 것이다. 곧 죽음을 앞둔 누군가를 도우려는 순수한 동기에서 비롯되었을 것이다. 그러나 거센 바람 속에서 그림을 그리기 시작하자, 무슨 일이 있어도 완성하겠다는 마음에 가슴이 뜨거워졌을 것이다. 소로가 말한 것처럼 진심이 되어 있었던 것이다. 진심이 된다는 것은 참으로 멋진 일이다. 그런 사람이 존재한다는 것만으로도 가슴이 벅차오른다.

'일본을 다시 한 번 깨끗하게 하고 싶다'며 새로운 일본을 만드는 데 자신의 전부를 걸었던 사카모토 료마坂本竜馬는 1% 전략을 이렇게 정의했다.

"기책奇策(남들이 흔히 생각할 수 없는 기묘한 꾀-옮긴이)이란 100에 한 번도 쓸 것이 못 된다. 99까지 정공법으로 밀어붙이고 나머지 하나로 기책을 사용하면 제대로 효과를 본다."

99 대 1이므로 의외성이 있다. 즉, 의표를 찌를 수 있다는 말이다. '겨우 1%'지만, 그 1%에 힘이 담겨 있다.

무엇이든 하나에서 시작하면 된다. '겨우 1%'이기 때문에 의표를 찌르거나 의외성을 발휘할 것이다. 그리고 점점 재미있는 상황이 전개될 것이다. 1%가 정말 기발하게 작용한다는 생각이 든다.

생을 마감할 때 남는 것은 돈이나 물건이 아니다. 누군가를 위해 무엇을 했느냐이다. 이것은 삶에서 대단히 중요하다.

'분투하지 말자'고 말하면서도, 나는 평생을 분투해 왔다. 그와 마찬가지로 '1%'라고 말하면서도, 최선을 다해 101% 힘을 쏟아붓는 인간이 되고 싶었다.

나는 이미 65년 넘게 세상을 살았다. 그렇지만 아직도 인생의 여정 위에 서 있다. 이제는 좀 더 큰 그릇이 되고 싶다. 그릇이 커지면 1%의 힘도 그만큼 커질 것이다.

많은 사람이 누군가를 1% 위한다면 가정과 지역, 학교와 직장뿐만 아니라 한 나라와 세계까지 변해갈 것이다. 나는 1%의 힘을 믿는다.

마음을 동그랗게
모으면 보이는 것들

:

대체로 인생은 슬픔의 연속이다. 따라서 인간은 누군가의 사랑을 받지 않으면 살 수가 없다. 절망에 빠졌을 때는 온전히 자기 자신을 끌어안고 보살펴야 한다. 스스로를 따뜻하게 위로해야 한다.

인생이란 모자이크와도 같다. 슬픔의 조각 옆에 석양의 아름다움에 감동하는 조각이 있을 수 있다. 맛있게 아침밥을 먹는 모습 바로 옆에 소중한 사람을 잃고 비탄에 잠기는 그림조각이 놓일 수도 있다. 거친 파도처럼 인생을 꿋꿋이 살아가려면 자기 자신을 사랑하는 마음이 꼭 필요하다. 남의 입과 귀와 관계되는 '자존심'은 조금 작게,

자기긍정과 관계되는 '자존감'은 조금 크게 가졌으면 좋겠다.

나는 살아오면서 넘칠 정도로 큰 '자존감'의 소유자를 만난 적이 있다.

1%라도 좋다. 슬픔에 잠긴 누군가에게 다가갈 수 있겠는가?

어쩌면 그것만으로 한 사람이 구원받게 될지 모른다.

자존감 강했던 12세 소년

12세로 세상을 떠난 요시는 선천성 면역결핍증, 간질성 폐렴, 재발성 다발연골염 등 헤아리기 어려울 정도로 많은 난치병과 싸워야 했다.

그 아이의 시집 『언젠가는 나도 비즈가 될 거야!』는 정말 대단한 책이다. 비즈는 실을 꿰는 구멍이 있는 유리제나 도자기제의 작은 구슬을 의미한다. 시집의 제목은 요시가 쓴 〈비즈와 방울〉이라는 시에서 따온 것이다.

나는 비즈가 정말 좋아.

여러 색깔의 비즈를 꿰어나가다 보면

점점 둥글게 둥글게 변해가지.

그 속에 방울을 넣어볼까?

방울은 바로 나!

방울을 둘러싼 비즈는 가족, 친구, 선생님, 간호사 누나…….

언제나 나를 돌봐주는 사람들.

언젠가는 나도 비즈가 될 거야!

그 아이가 세상을 떠난 뒤 메이크어위시Make a Wish 재단과 어떤 사찰의 도움으로 시집이 출간되었다. 메이크어위시는 이름 그대로 세상에서 아이들의 꿈을 이루어주는 사업을 진행하고 있다.

요시의 어머니가 시집에 들어갈 축하글을 써달라고 부탁해 왔다.

요시야, 마구 달리고 싶었지?

학교에도 가고 싶었을 거야.

네가 쓴 시들의 속삭임에는 힘이 있구나.

"할 수 없는 것들뿐이었어. 하느님은 왜 하필 나에게 이런 병들을 주신 거지?" 하면서도 "지쳤으니까, 힘들었으니까, 부드러운 마음으로 웃으며 지내고 싶어"라고 말했지.

정말 대단하다고 생각한다.

네가 쓴 시들이 수많은 아이들, 아버지와 어머니에게 용기를 주고 있단다.

너무너무 고맙다.

나는 이 내용을 손글씨로 써서 첨부했다.
요시의 글은 참으로 매력적이다.

달리고 싶었는데,

학교에 가고 싶었는데,

어디로든 가보고 싶었는데,

수많은 일들을 해보고 싶었는데,

할 수 없는 것들뿐이었어.

하느님은 왜 하필 나에게 이런 병들을 주신 거지?

왜 내게 이런 병을.

어린아이가 감당하기에는 너무나 힘든 시간이었을 것이다.
〈스펀지〉라는 시에서 요시는 이렇게 말했다.

마음이 스펀지라면

아무리 괴로운 것이라도 빨아들일 수 있어.

아무리 예쁜 것이라도 빨아들일 수 있어.

마음에 아무런 걱정 없이

많은 것을 빨아들이고 싶어.

스펀지 같은 마음의 주인이 되어야지.

12세의 사내아이가 별다른 차도 없이 초조한 나날을 보내던 중 자신의 마음을 다스리기 위해 쓴 시이다. 나는 라디오 방송에 출연해 이 시를 읽었다. 그러자 요시 어머니는 마치 아들이 살아 있는 것 같다면서 기뻐했다.

누군가를 위해 1% 열어젖힌 마음

요시는 이런 글도 남겼다.

그 사람의 좋은 점을 찾아내면 마음이 즐거워진다.

그 사람의 싫은 점을 찾아내면 마음이 괴로워진다.

점점 더 괴로워진다.

누구나 좋은 점과 나쁜 점이 있다.

좋은 점을 잔뜩 찾아내 즐겁고 싶다.

하루하루를 즐겁게 살고 싶다.

모두가 모두의 좋은 점을 찾아낼 수 있다면

하늘만큼 좋을 텐데…….

그 아이의 마음은 점점 커져가고 있었다. 자존감이 충만해지고 있었다. 맞는 말이다. 그 사람의 좋은 점을 찾아내면 되는 것이다.

누구에게나 좋은 점과 나쁜 점이 있다. 내 안에도 따뜻한 마음이 있는가 하면, 차가운 마음도 있다. 상냥한 마음이 있는가 하면, 잔인한 마음도 있다. 내면에 존재하는 짐승이 사나워져 스스로 곤란한 지경에 빠지기도 한다. 마음은 때로 정말 성가시다.

그러나 요시는 사람의 좋은 점을 찾아내면 즐거워진다고 말한다. 맞는 말이다. 하지만 결코 간단한 문제가 아니다. 요시의 생각이 존경스러울 정도다.

삶은 결코 길이로 측정될 수 있는 대상이 아니다. 나는 65년 넘게 살았지만, 얼룩반점 가운데에 사악한 마음이 가득 차 있다. 참으로 못난 사람이다.

나 자신도 완벽하지 못하므로, 다른 사람의 부족한 부분 또한 어쩔 수 없는 일 아닌가? 상대방에게 자신의 좋은 점을 보여주자. 그리하여 나를 잘 봐주기를 바라는 것이다. 그와 반대로 나 역시 상대방의 입장에 서보자. 상대의 좋은 점을 찾아내면 틀림없이 기분이 좋아질 것이다.

우선 1%라도 자신의 마음을 열어보자. 그리고 상대방의 마음이 열리도록 1%만이라도 따뜻한 시선으로 바라보자.

이를 반복하는 것이 인간관계의 기본이다. 이런 노력을 게을리해서는 안 된다. 이것이 신뢰와 사랑으로 이어질 것이다.

인간과 인간의 관계는 상대적이다. 상호교류인 셈이다. 이쪽이 좋은 점을 찾아내면, 대개는 좋은 '인간관계'가 이루어진다. 12세의 요시에게 나는 소중한 가르침을 얻었다.

우선 자신의 마음을 1% 열어보자. 그리고 그 마음을 서서히 키워나가 보자. 그런 다음 마음을 동그랗게 만들어 보자.

나하고 엄마가 직선,

선생님과 함께해서 삼각형,

간호사 누나와 함께해서 사각형,

의사선생님과 함께 해서 오각형,

들쑥날쑥하던 톱니가 줄어들며 점점 동그래진다.

각이 없어지며 점점 동그래진다.

많은 사람들과 손을 잡고 동그래지고 싶다.

마음도 동그래지고 싶다.

점을 선으로 만드는 따뜻한 마음, 선을 다양한 모습으로 만들어 나가고, 더 나아가 그것을 일체화하는 지혜가 느껴진다. 그렇게 하다보면 마음이나 인간관계 모두 언젠가는 동그래진다.

요시는 참된 자기를 발견하려는 욕망이 강력한 아이였다. 자기 자신을 사랑하고 소중히 여기는 아이기도 했다. 더불어 주위 사람을 귀하게 여겼으며, 누군가를 위하는 마음으로 1% 시작했지만 다른 사람을 위해 온전히 살았던 것 같다.

나도 요시처럼 언젠가는 누군가를 위해 온전히 살고 싶다.

집안 분위기가
'1%의 기적'을 만든다

한 사람 한 사람이 1% 자유로워지면 학교나 지역, 사회나 직장에서 숨쉬기가 한결 편해질 것이다. 그렇게 한 걸음씩 발을 떼면, 작은 것에 집착하며 배타적이었던 삶에서 조금은 멀어질 것이다. 우선 1%씩 나 자신부터 변화해 보자.

지구상 어디에도 낙원은 존재하지 않는다. 우리가 사는 곳에는 언제나 많은 문제들이 내재되어 있다. 인간 자체가 복잡한 동물이므로 어쩔 수 없다.
그러면 어떻게 해야 할까?
자유는 소중하다. 자신을 둘러싼 두꺼운 옷을 벗고 맨몸을 지향하는 것이다. 하지만 자신의 자유를 지키려면 다른 사람의 자유도 소중히 여겨야 한다. 자유에는 책임이 따르며, 자유를 누리기 위해서는 때로 용기가 필요함을 가르쳐야 한다.

 우선 어른세대가 활기차게 인생을 살아가야 한다. 그런 어른들의 등을 바라보며 아이들 또한 자연스럽게 자유의 소중함을 배울 것이다.

부모와의 대화가 아이에게 미치는 영향

 세상을 떠들썩하게 만든 한 살인 용의자는 인터넷에 자신을 이렇게 소개했다.

현재 24세의 셀럽니트celeb NEET(불로소득이 충분해 일하지 않아도 되는 사람을 지칭하는 신조어−옮긴이). 아버지는 부동산업에 종사하며 1급 건축사이다. 집안이 넉넉해 일하지 않고도 얼마든지 살아갈 수 있는 환경이다.

그런 다음 현재의 자신에 대해 이렇게 말했다.

가족끼리 불화가 심했고, 세 번씩이나 학교를 옮기다 보니 왕따를 당하기도, 간혹 왕따를 시키기도 했다. 그런 환경과 DNA가 혼재되어 '나'라는 인간이 지구상에 나왔을 것이다.

이 남성은 지바 현 가시와 시에서 2014년 3월 네 건의 연쇄살인을 시도해 두 사람을 살상하고 강도살인 혐의로 구속되었다.

그는 모든 혐의를 인정했으며, '돈이 필요했다'고 말했다. 또한 1997년 고베에서 초등학생을 대상으로 연쇄살인을 저지른 14세 소년 사카키바라 세이토酒鬼薔薇聖斗를 존경한다고 했다. 어처구니없는 일이다.

인간으로 태어나 왜 그런 짓을 저지르는 것일까? 그가 인터넷에 올린 글을 읽다 보면 고개가 갸웃거려지는 것을 어쩌지 못한다.

어쩌면 그는 누군가에게 사랑받거나 따뜻한 대화를 나눠본 적이 없는지도 모른다. 어린 시절의 대화 경험은 매우 소중하다. 그렇지만 모든 사람이 좋은 환경에서 자라기는 현실적으로 불가능하다. 마음먹은 대로 되지 않는 게 인생이기 때문이다.

나를 키워준 양아버지는 엄격한 편이었다. 나는 끊임없이 양아버지의 분노에 시달리곤 했다. 하지만 인간관계가 단절된 채 지내지는 않았다. 나는 비록 외로웠지만 고독하지는 않았다. 그 점에 대해서는 지금도 감사하게 생각하고 있다. 어렸을 때부터 따뜻하고 부드러운 마음을 키워주어야 한다.

일본에는 '2분의 1 성인식'이라는 것이 있다. 성인이 되기까지 절반 정도를 살아온 10세 전후의 아이들에게, 지금까지의 자신을 돌아보며 미래의 모습을 그려보게 하는 행사이다.

전국 초등학교에서 행사 혹은 수업으로 '2분의 1 성인식'을 하는 경우가 많다. 아이들이 글을 써서 발표하고, 부모가 아이들에게 적절히 조언하며, 그 내용을 앨범으로 제작하는 등의 다양한 방식으로 진행된다.

이 행사는 아이들에게 그동안 키워주신 부모님과 주변 사람들의 고마움을 알고 미래의 목표를 세우도록 하는 데 초점이 맞추어져 있다. 부모 입장에서도 아이들의 성장을 확인하고 부모의 생각을 전하는 좋은 기회라는 평을 듣는다.

나는 초등학교, 중학교, 고등학교에서 교과서에 없는, 즉 평생 딱 한 번뿐인 생명수업을 필생의 사업으로 진행하고 있다.

"자유를 소중히 여기세요."

이것이 내가 전하고 싶은 핵심적인 메시지이다. 우리 아이들이 자유롭게, 용기백배하여 성장해 나가기를 간절히 바란다.

나는 가끔 아이들이 좋아하는 축구 스타에 대해 이야기한다. 바로 프랑스를 대표하는 세계적인 선수 지네딘 지단Zinedine Zidine이다. 그는 이렇게 말했다.

"성공 가능성이 0%라는 말을 듣고, 그러니 포기해도 괜찮다는 마음으로 꿈을 추구하지 않았다."

우리가 성공 가능성 0%에도 도전할 수 있는 것은 자유롭기 때문이다.

야구선수 스즈키 이치로鈴木一朗는 4천 번의 안타를 달성하고 "4천 번이란 숫자는 대단할 게 없다. 중요한 것은 8천 번이나 헛스윙을 했다는 점이다"라고 말했다.

우리는 자유롭다. 따라서 성공한 4천 번의 안타에 눈길을 돌려도 되고, 실패한 8천 번의 헛스윙에 눈길을 돌려도 된다. 절대로 이래야만 한다는 건 없다.

올림픽 유도 금메달리스트인 이시이 사토시石井慧는 이렇게 말했다. "진짜 승자는 파워가 좋거나 재능이 있거나 열심히 노력하는 사람이 아니다. 변해가는 환경에 가장 빨리 적응하는 사람이 승리한다."

이시이 선수는 매우 유연한 관점을 지녔다. 파워나 재능, 노력에 구애받지 않고 자유로운 사고방식을 가진 사람이 운동경기나 인생에서 승리를 거둔다. 항상 100% 완벽하게 준비하기보다 99% 준비하고 1% 정도는 비워두는 것이다. 어떤 상황에서든 유연하게 그 1%로 대응하면 된다. 나는 자유의 소중함을 아이들에게 전하려 많은 시간을 할애한다.

1%의 가능성뿐이지만 낙천적인 사람은 어려움 가운데 기회를 찾아낸다. 반면, 비관론자는 기회가 찾아와도 어려운 점을 찾아낸다. 그리하여 잔뜩 긴장한 채 대응하다 실패를 맞보게 된다.

나는 아이들이 자유롭고 유연한 마음을 가졌으면 좋겠다. 그러나 현대사회는 올곧게 자라기 힘든 환경에 처해 있다. 상대적 빈곤감 또한 나날이 커져간다.

일본에서 경제적 어려움으로 국가의 보조를 받는 초중등 학생이 2010년 약 155만 명에 이르렀다고 한다. 경제적 빈곤은 학력에 많은 영향을 미친다. 부모의 연간수입과 초등학교 6학년의 학력을 조사한 결과 확연히 정비례 관계를 보였다.

우리 아이들에게는 평등한 기회가 주어져야 한다. 하지만 빈곤의 세습이 고착되고 있다. 한번 빈곤에 빠지면 도무지 벗어나지 못한다. 참으로 안타까운 일이 아닐 수 없다.

조사 결과를 살펴보면, 부모의 수입이 적어도 공부를 잘하는 아이들이 10%쯤 존재한다. 어떻게 그런 결과를 낼 수 있었을까? 결정적으로 영향을 미친 것이 독서하는 습관, 부모와의 대화, 규칙적인 생활습관 등이었다. 이는 부모가 해줄 수 있는 일이 경제적 지원만은 아니라는 점을 다시 한 번 상기시킨다.

비록 형편이 어렵더라도 '1%의 기적'을 일으켰으면 좋겠다. 도서

관에 있는 책들을 한 권씩 독파해 나가는 것도 좋은 방법이다. 틀림없이 무언가가 바뀔 것이다. 만약 집에서 꿈을 이야기할 수 있다면 함께 세 끼를 못 먹더라도 기적이 일어날 수 있다.

'확률'에 지지 말자. '확률'이 낮더라도 숫자에 지지 않고 도전함으로써 우리는 빛나는 존재가 된다.

그 무엇보다 소중한 '자유'

나는 어렵게 자랐지만, 집에서 대화가 많은 편이었다. 양아버지는 많이 배우지 못했으나, 사람으로서 중요하게 여겨야 할 것들을 가르쳐주셨다.

"자유롭게 살아라."

"상대방의 입장에 서보아라."

"약한 사람들을 잊지 말아라."

어렸을 때는 아버지의 그런 말씀이 귀찮았다. 하지만 세월이 흐르면서 나에게 최고의 유산이 되었다. 나는 이것이 1%의 기적이라고 생각한다.

아이들에게 잔소리로 여겨질지라도, 어른으로서 어느 정도 조언을 해주는 게 좋다고 생각한다. 물론 아이들과의 관계가 나빠지지 않도록 주의는 기울여야겠지만 말이다. 그런 대화가 오갈 수 있는 관계를 유지하는 것이 중요하다.

아버지께서는 이렇게 말씀하시곤 했다.

"자유롭게 살아라. 난 너에게 많은 것을 해주지 못한다. 스스로 책임지며 살아야 해."

자유의 이면에는 책임이 존재한다는 것도 가르쳐주셨다.

"상대방의 자유를 늘 잊지 말아야 한다."

나는 고개를 끄덕일 수밖에 없었다. 자신의 자유가 소중하다면 상대방의 자유도 당연히 인정해야 한다. 시간이 흐를수록 그러한 가르침의 가치를 더 깊이 깨닫게 되었다.

상대의 자유를 인정하려면 그 입장에 서봐야 한다. 그렇게 하면 상대방의 자유를 쉽게 인정할 수 있었다.

"가난한 사람이나 약한 사람을 잊지 말아라."

"약한 사람들을 잊지 않는다면 자유롭게 살아도 좋다. 이제부터 자유롭게 살거라."

나는 주변의 약한 사람들을 늘 잊지 않으려 노력한다. 나와 아버지의 약속이기 때문이다. 그것만 잘 지키면 인생의 기로에 섰을 때 원하는 것을 해도 된다고 생각했다.

자유롭게 살기 위해서는 때로 용기가 필요하다는 사실도 깨달았다. 나를 비판하거나 뒤에서 손가락질하는 경우가 10% 정도는 있다. 그러므로 때로는 비판이나 손가락질에 주눅들지 않는 용기가 필요하다.

제1차 세계대전에 지속적으로 반대하다 암살당한 프랑스의 정치가 장 조레스Jean Jaurès는 용기에 대해 이런 말을 남겼다.

"용기란 결점을 극복해 나가되, 그것을 무거운 짐이라 생각하지 않으며 자신의 길을 가는 것이다."

장애물의 높이가 아무리 높아도, 비록 가시밭길일지라도 자기가 정한 길은 끝까지 가야 한다.

인간은 약한 동물이다. 자신의 약함을 인식하되, 그처럼 약하기 때문에 자신의 결점을 극복하며 굳건한 마음가짐으로 꿈을 향해 매진하겠다는 자세가 중요하다.

친부모에게 버림받은 나를 키워준 양부모는 가난했다. 양아버지는 완고했고, 그래서 반항을 하기도 했다. 생명의 은인인 그의 목을 조른 일마저 있었다. 어디에서 무너져도 전혀 이상할 게 없는 인생이었지만, 비교적 바르게 살 수 있었다.

1%의 기적을 일으킨 건 집안 분위기였다. 삶의 규범을 생활 속에서 알게 모르게 교육받은 것이다.

양아버지의 목을 조를 때 "안 돼! 멈춰!"라는 소리가 어딘가에서 들려오는 듯했다. 위대한 힘이 우주 어딘가에서 내게 제동을 걸었다. 중요한 마음의 법칙만 잘 지키면, 행동은 흘러가는 대로 내버려 둬도 된다고 생각한다.

'친구를 소중히 여겨야 한다.'

'상대방의 입장에 설 수 있어야 한다.'

'언제나 열심히 살아야 한다.'

이런 당연한 사항을 제대로 실천하지 못하는 것이 보통의 어른들이다. 반면, 아이들에게 눈을 돌려보면 인생의 곤란한 문제에 대해 제대로 답을 찾고 있다는 생각이 든다. 아이들의 1%는 신에 가까운 1%일지도 모른다.

다시 2분의 1 성인식으로 돌아가보자. 후쿠시마 현의 도미오카 제1·제2초등학교는 후쿠시마 제1원자력발전소에서 20킬로미터 이내에 있었다. 그리하여 아이들은 전국 각지로 뿔뿔이 흩어졌다.

2014년 3월 11일, 나는 도미오카 역 앞에서 진행된 텔레비전 생방송 대지진 특집에 출연했다. 3년 동안 그곳 시계는 멈추어 있었다.

원자력발전소에서 10킬로미터쯤 떨어진 곳에 마을이 있었다. 사람의 출입을 제한했기 때문에 산더미처럼 널린 지진의 잔해물조차 치우지 못한 상태였다. 나는 혼자서 마을 이곳저곳을 돌아다녔다.

'밤의 숲'이라 불리는 공원의 벚나무 가로수길이 한껏 아름다움을 뽐내고 있었다. 과거 이곳 주민들의 자랑거리였다고 한다.

2014년 봄, 후쿠시마 현의 다무라 시에 있는 미하루초三春町의 임시 교사校舍에 머무르던 아이들이 2분의 1 성인식을 치렀다. 나는 〈일요일엔 분투하지 않는다(분카 방송)〉에 출연해 그때의 사연을 소개했다.

사진에 찍힌 어렸을 때 모습이 사랑스러웠어요.
엄마가 나를 귀여워하며 키워주셨구나 하는 생각이 들었습니다.
어렸을 때 몸이 약해 병원에 다녔다고 들었는데, 엄마가 나를 걱정하며 키우셨겠구나 하는 생각도 들었고요.
나는 이제 곧 열 살입니다.
남은 10년 동안 엄마의 일도 잘 도우며 훌륭한 어른이 되고 싶습니다.

엄마일을 도우며 훌륭한 어른이 되고 싶다니, 내가 다 기뻤다. 그 글을 본 학생의 어머니는 많은 위로를 받지 않았을까?

극심한 경쟁사회에서는 '오직 나만 중요하다'는 사고방식에 빠지기 쉽다. 그러나 유년시절에 1%라도 좋으니 누군가를 위해 살아보는 경험을 해보는 것이 좋다.

먼저 어머니의 마음을 헤아려봐야 한다. 언젠가 낯선 누군가를 응원할 수 있는 사람이 되어야 하지만, 우선은 소중한 이에 대한 마음의 배려가 있어야 한다. 어머니가 안 계시는 사람도 있을 것이다. 그럴 때는 주위에 있는 누군가를 위해 살아본다. 이는 인생을 살아가는 데 매우 중요한 기술이다.

가족이 전혀 없을 수도 있다. 그럴 경우 자주 말을 걸어주는 선생님을 위해 1% 정도 살아보는 건 어떨까? 선생님과 호흡이 잘 맞지 않아도 괜찮다. 교실에서 따돌림당하거나 손가락질받는 아이가 있을지도 모른다. 그런 친구에게 조용히 "나는 너를 잘 알아. 그리고 네가 좋아"라고 말할 수 있는 사람이 되면 참 좋겠다. 제대로 된 친구가 있다면 최고다. 그 친구를 위해 무엇이든 할 수 있는 관계가 인생을 풍요롭게 만들기 때문이다.

2011년 발생한 후쿠시마 원자력발전소 사고로 고향에 돌아가지 못하는 사람들이 많다. 그런 상황에서도 아이들이 성장해 나가는 모습은 부모님들께 커다란 희망일 것이다.

어린이날은 어른들이 아이들을 소중히 여겨야 함을 환기시키기 위해 만들어졌다. 아이들이 따뜻하고 유연한 마음을 가질 수 있는 나라가 되었으면 좋겠다. 가정환경으로 인생이 결정되는 건 옳지 않다.

모든 아이들에게 무궁무진한 가능성이 주어져야 한다. 아이든 젊은이든 노인이든 모든 인간은 자유롭다.

우리가 자유로운 존재라는 사실을 무의식중에 잊기도 한다. 조직과 인연에 얽매여 사는 듯한 느낌이 들 때도 있다. 교실 분위기 때문에 자유롭게 행동하지 못할 때도 있다.

그렇지만 모든 인간에게는 자유가 있다. 젊은이들은 특히 그러하다. 미래의 가능성 또한 잠재되어 있다.

자유에는 반드시 책임이 따른다. 제대로 책임지지 않으면 제멋대로 구는 것에 불과하다. 제멋대로 행동하다가는 더 큰 힘에 부딪혀 깨질 수 있다. 그렇게 되지 않도록 자신의 책임을 다하며 살아가야 한다.

친구를 생각하는 마음 1%로
실현된 인생 2막

:

'친절하지 않으면 사람이 아니다' '즐겁지 않으면 제대로 사는 게 아니다'라고 자기 자신을 일깨우며 살아보자. 그렇게 하지 않으면 일상이 건조해지기 쉽다.

인간은 약한 동물이다. 혼자서는 살아갈 수 없다. 살다 보면 몇 번씩 절망에 빠지게 된다. 산다는 것 자체가 괴로움이다. 인간관계가 꼬이면 누군가와 함께 있더라도 외로움을 느낀다.

누구나 가끔은 이런 생각들에 시달리며 살아간다. 생각대로 되지 않으면 분노의 감정에 사로잡히기도 한다. 믿었던 사람에게 고통을 당하는 경우도 있다. 소중한 사람을 지켜주지 못했다는 생각에 슬픔이 몰려올 때도 있다.

하지만 삶의 괴로움에서 우리를 구원해 주는 것 역시 인간관계이다. 그렇다면 좋은 인간관계를 만들기 위해 어떻게 해야 할까? 오직 자기 자신을 강조하는 시대이기 때문에, 나는 오히려 '누군가를 위해 1% 살아보라'고 말한다. 삶을 떠받쳐주는 것은 언제나 사람과 사람의 관계이다.

기적의 목욕탕, 센닌부로 이야기

2011년 3월 말, 미야기 현 오나가와초에서 순회진료를 마치고 피해자가 가장 많았던 이시마키 지역으로 들어갔다.

대지진 직후 상하수도가 망가졌고, 3주일이 지나도록 많은 사람들이 씻지 못한 채 생활했다. 하수도가 제기능을 못해 화장실 물을 흘려보낼 수도 없었다. 그나마 남자들은 체육관 뒤에서 땅을 파고 용변을 보았다.

여성들에게 그것은 엄청난 스트레스였다. 신문지에 볼일을 본 뒤 둘둘 말아 쓰레기통에 넣는 방법을 취했지만, 생활의 불편함은 이루 말할 수 없었다.

개중에는 엄청난 쓰나미 속에서 살아남은 사람도 있었다. 하지만 목욕은 엄두도 내지 못했다. 그들이 얼마나 힘들지를 생각하니 마음이 무거웠다.

'내가 재난을 입은 당사자라면 무엇이 필요할까?'

나는 그들의 입장에서 고민해 보았다. 이시마키 거리를 걷다가 '그래, 목욕탕이야'라는 생각이 퍼뜩 들었다.

이재민들은 정신적 스트레스가 극심한 가운데 쪽잠을 자곤 했다. 체육관 바닥에서 모포 한 장으로 잠자리에 들었다. 교감신경의 과도한 긴장이 계속되는 상황이었다. 따라서 부교감신경을 자극시켜 줄 필요가 있었다. 그렇다면 목욕이 딱이었다.

38도 정도 되는 물에 들어가면 부교감신경이 자극받아 혈관이 확장되고 혈압이 떨어진다. 림프구가 늘어나 감기에도 강해진다. 자연살해세포가 늘어나기 때문에 암에도 효과적이다. 나는 어떻게든 여러 사람이 이용할 수 있는 목욕탕을 마련해야겠다고 결심했다.

그리하여 시내에 두 군데를 정하고 가설 목욕탕, 즉 센닌부로千人風呂(모든 사람들의 목욕탕이란 뜻—옮긴이) 프로젝트를 시작했다. 이를 통해 목욕탕을 이용한 사람은 무려 5만 4천 명에 이른다.

센닌부로의 일손이 부족한 점을 감안, 내가 대표로 있는 JIM-NET의 간호사 한 명, 사무 스태프 두 명을 이라크에서 귀국시켰다. 이들 세 명은 1년 동안의 프로젝트가 끝난 후 '이시마키의 부흥을 돕겠다'

면서 아예 그곳으로 이사했다. 피해자들과 유대감을 형성하다 결국 '해야 할 일'을 찾아낸 것이다. 그들의 행동에 절로 머리가 숙여졌다.

누군가를 위해 살아가면 뇌 내 마약성분이라 일컬어지는 엔도르핀이 분비되어 기분이 좋아진다. 또한 타인에게 칭찬을 받으면 '의욕을 불러일으키는' 도파민이라는 호르몬이 분비되어 더욱 헌신적으로 일하게 된다. 남을 위해 사는 건 재미있고 기분까지 좋아지는 행동이다.

상가 가까운 곳에 자리한 센닌부로 '부동의 탕不動の湯' 관리를 맡은 JIM-NET의 스태프 구마 씨는 지금도 지역민들의 존경을 받으며 동고동락하고 있다.

시간이 흐르고 피해자들 모두 목욕탕을 이용한 셈이 되어 그곳을 폐쇄하기로 결정했다. 그때 상가 주민들이 센닌부로라는 이름을 남기고 싶다는 의견을 전해왔다. 나로서는 반갑기 짝이 없는 제안이었다.

1%의 바보들이 만들어낸 기적

목욕탕은 구마 씨의 구상을 통해 누구든 언제나 들를 수 있는 장소로 계획되었다. 연대를 결성하는 공간으로 삼자는 생각이었다. 도시락을 싸와 함께 먹거나 학교에서 돌아온 아이들이 숙제를 하기도 하는 곳 말이다.

구마 씨는 도쿄에서 학원 선생님으로 일한 적이 있었다. 따라서 손이 빌 때는 아이들 공부를 돌봐줄 수도 있었다.

그러자 가게를 다시 열기 어려운 점주 한 명이 상가공간을 무료로 제공하겠다고 했다. 그리하여 '스페이스 센닌부로'가 만들어졌다. 상가에 목욕탕이 없는 '센닌부로'의 간판이 내걸렸다.

목욕탕이 없는 센닌부로라니, 왠지 우스꽝스럽기도 하다. 그렇지만 조금 이상해서 오히려 더 마음에 든다. 처음에 그 이름을 붙인 나로서는 영광스런 일이 아닐 수 없었다.

나는 스페이스 센닌부로에 가보았다. 차를 마시거나 강연회와 연주회를 할 수 있는 라이브 공간이 마련되어 있었다.

그날은 두 사람으로 구성된 밴드 '신뢰도 60%'가 본 프로그램에 앞서 특별출연 형식으로 연주했다. 나는 리드 기타를 담당하는 다케야마 씨에게 노래가 좋다고 말을 건넸다. 그러자 그는 이렇게 말했다.

"저는 그냥 노래가 좋아요. 어쩌면 노래를 통해 구원받고 있는지도 모르겠어요."

"무슨 말씀이세요?"

"실은 쓰나미로 아내와 자식을 잃었습니다. 3년이 지났는데도 여전히 힘들어요. 그나마 노래할 때는 마음이 편해집니다. 노래 덕분에 이렇게 숨을 쉬고 있는 거지요."

그런데 다케야마 씨의 힘들어하는 모습을 본 히노 씨가 회사를 그만두고 언제든지 함께 연주할 수 있는 라이브 하우스 '시크릿 베이스 Secret Base'를 이시마키에 만들었다.

나는 히노 씨에게 정말 대단하다고 말했다. 그러자 그가 말했다.

"아닙니다. 줄곧 카페를 하고 싶다고 생각했어요. 하지만 직장을 그만둘 용기를 내지 못했는데, 쓰나미를 경험하고 인생의 허무함을 느꼈죠. 저는 다행히 가족 모두가 무사했어요. 그래서 할 수 있을 때 좋아하는 것을 해보자는 생각이 들었습니다. 아내에게 의논하니, 수입은 줄어들겠지만 힘껏 돕겠다고 선뜻 동의하더군요. 제가 하고 싶어서 이렇게 나선 겁니다. 어쨌거나 저로선 저 친구 덕분에 인생의 매듭을 새롭게 지을 수 있었습니다."

나는 그 말을 듣고 눈물이 날 만큼 마음이 따뜻해졌다.

도후쿠 지역에는 안정된 일자리가 그다지 많지 않았다. 그런데 히노 씨는 대기업에 근무하고 있었다. 노래를 통해 안정을 찾아가는 친구를 위해 남들이 선망하는 직장을 그만둔 것이다. 힘든 길일지언정 자신의 꿈에 인생을 걸었다고 할 수 있다.

자신의 꿈에 인생을 걸다니, 1%의 바보이다. 그런 젊은이를 어찌 사랑하지 않을 수 있겠는가? 내 이야기를 듣던 다케야마 씨는 작은 소리로 속삭였다.

"저 친구의 우정을 평생 잊지 못할 겁니다."

우정의 가치를 새삼 느끼게 되는 순간이었다.

대가를 바라지 않고, 누군가를 위해 살아가는 모습을 보면 참으로 마음이 흐뭇해진다. 고맙다는 말을 듣든 말든 상관없을 때가 있다. 그저 내가 하고 싶어하는 것일 뿐이다. 오히려 이쪽에서 감사인사를 해야 할 지경이다.

피해지역에서는 아직도 슬픔과 고통이 계속되고 있다. 중요한 순간에 결정적으로 인간의 마음을 지탱해주는 것은 사람과 사람의 유대이다.

그곳뿐만 아니라, 우리가 어디에서 살아가든 소중한 세 가지 관계가 있다. 인간과 인간의 관계, 인간과 자연의 관계, 몸과 마음의 관계이다. 이러한 관계 속에서 우리는 안정감을 느낀다.

세 가지 관계가 제대로 설정되어 있을 때 사람은 행복하다고 느낀다. 살아가는 것이 편안해진다. 그리고 인생이 재미있어진다.

인간은 관계 속에서 살아가는 존재이다. 나는 유대를 통한 세 가지 관계가 어떻게 변화하는지 주목해 왔다. 그 관계는 이어지면서도 서로 구속하지 말아야 한다. 언제 어디서 살든 이 세 가지 관계가 생명줄이다. 하지만 그 속에서 각자 자유롭게 살아갈 수 있어야 한다. 이것이 곧 '생명의 장치'이다.

그렇다고 해서 관계에 매몰되어서는 안 된다. 한 사람 한 사람의 존재가치를 제대로 인정해야 한다.

피해지역에 3년 동안 머무르고 있는 구마 씨도 어찌 보면 바보이다. 히노 씨도, 다케야마 씨도 모두 바보이다. 그러나 친절하고 따뜻한 호모 사피엔스는 참으로 보기가 좋다. 친절하지 않으면 제대로 된 인간이 아니다.

나는 가까운 시일 안에 '시크릿 베이스'에 자원봉사를 하러 가겠노라 그들과 약속했다.

글을 마치며

『분투하지 않는다』를 쓴 지 14년이 지났다. 나는 '분투하지 않는 가마타'에서 '1%의 가마타'로 바뀌었으면 좋겠다는 생각을 여러 번 했다. '우선 1%' '1%씩' '1%라면' '1% 더'가 내 인생을 바꾸었다.

나는 세계 각지를 여행하며 수많은 '1%의 기적'을 직접 목격했다. 그 중에서도 특히 마음에 와닿는 '매력적인 1%'의 인간관계를 이 책에 소개했다.

나는 사람이 좋다. 자기답게 살아가는, 그래서 이 책에 소개한 한 사람 한 사람이 무척 좋다.

인간이란 참 복잡한 동물이다. 착한 마음과 사악한 마음이 내면에 같이 존재한다. 사람은 인간관계 속에서 터무니없이 나쁜 일을 저지르기도 한다. 또 인간관계 속에서 믿기 어려울 정도로 멋지게 행동하기도 한다.

완전히 뒤틀린 사람은 존재하지 않는다. 모두 '관계' 속에서 벌어지는 일들일 뿐이다. 따라서 누구에게나 변화할 수 있는 가능성이 있다.

나는 '1%로 정말 괜찮을까?' 하고 스스로에게 물었다. 원고가 거의 완성되었다고 생각될 즈음, '1% 더' 무언가를 보태자 훨씬 깊이 있는 이야기가 탄생했다.

'1% 더'의 소중함을 새삼 깨달았다. 100%를 넘어서는 기쁨을 알게 되었다. '기적을 불러오는 1%의 의미'를 새삼 이해하기 시작했다.

지금까지의 나라는 사람 속에 없었던 새로운 1%의 철학.

1%만큼은 누군가 다른 사람을 위해 살아보자. 그것이 누군가를 행복하게 만든다. 그러면 자기 자신도 행복해진다. 그리고 결코 지지 않는 인생이 시작된다.

그렇게 되면 인생이 재미있어진다. 사는 것이 즐거워진다. 그저 삶의 1%를 바꿨을 뿐인데, 사람도 사회도 행복에 한 발짝 다가서게 된다.

살아가며 인연을 맺은 모든 분들께 이 책을 바친다.

'1%의 신비한 힘'으로 온전한 한 권의 책을 만들어보고 싶다는 가와데쇼보 신사 편집부의 센 미사千美朝 님의 제안으로 이 책이 시작되었다. 글을 쓰며 몇 번씩이나 벽에 부딪쳤다. 갈피를 못 잡아 괴로움을 겪기도 했지만, 너무도 즐거운 시간이었다. 여러 차례 읽어보고 싶은 그런 책을 만들고 싶었다.

북 디자인의 거장인 스즈키 세이이치 씨와 어시스턴트인 미야모토 아유미 씨와 둘러앉아 나의 꿈에 대해 이야기 나누기도 했다. 지금까지 50종 이상의 책을 만들었지만, 이렇게 해보기는 처음이다.

일러스트는 내가 좋아하는 마루야마 세이지 씨에게 부탁했는데, 내 글을 숙독해가며 귀한 그림을 마련해 주셨다. 다시금 감사의 말씀을 올린다.

많은 사람들이 101%의 성원을 해주셔서, 고급스러우면서 약간은 사치스럽게 느껴지는 책이 만들어졌다. 도움을 주신 모든 분들에게 그저 감사할 따름이다.

2014년 초가을 이와지로 소옥에서

가마타 미노루

절망을 희망으로 바꾸는
1%의 힘

지은이 가마타 미노루
옮긴이 전형배

펴낸곳 도서출판 창해
펴낸이 전형배
총괄경영(CEO) 구본수

출판등록 제9-281호(1993년 11월 17일)
1판 1쇄 인쇄 2015년 5월 18일
1판 1쇄 발행 2015년 5월 26일

주소 서울시 마포구 토정로 222(신수동448-6) 한국출판협동조합 A동 208-2호
전화 02-333-5678
팩스 02-707-0903
E-mail chpco@chol.com

ISBN 978-89-7919-586-6 03190
ⓒ 창해, 2015, Printed in Korea

이 도서의 국립중앙도서관 출판예정도서목록(CIP)은 서지정보유통지원시스템 홈페이지(http://seoji.nl.go.kr)와 국가자료공동목록시스템(http://www.nl.go.kr/kolisnet)에서 이용하실 수 있습니다.(CIP제어번호: CIP2015010924)

※값은 뒤표지에 있습니다.
※잘못된 책은 구입하신 곳에서 바꿔드립니다.